**취업 끝판왕 옵스에게 배우는
스펙을 뛰어넘는 면접의 기술**

부족한 스펙으로도 면접관을 사로잡는 법!

취업 끝판왕 옴스에게 배우는

스펙을 뛰어넘는
면접의 기술

옴스 지음

원앤원북스

완벽한 제품이 되기보다
최고의 세일즈를 하라

바야흐로 말발의 시대다. 눈부신 문명의 발전으로 붓과 펜이 키보드로 대체되고, IT기술과 뉴미디어가 발달하면서 과거와 비교할 수 없을 정도의 글과 말이 폭발적으로 쏟아지고 있다. 하지만 아이러니하게도 발전한 시대 속 가짜들이 난립해서 오리지널을 찾기는 더욱 어려워졌다. 일주일에 수십 시간 이상 콘텐츠를 소비하는 세상이지만, 아직도 필자의 머릿속에는 1996년 젊은 스티브 잡스가 마케팅을 논하던 짤막한 비디오 클립이 맴돈다.

정보의 홍수는 사람들에게 무슨 일이든 해낼 수 있을 것 같은 마술처럼 여겨지지만, 실상은 한번 맛보면 절제할 수 없는 선악과가 되어 눈을 멀게 한다. 방대한 정보를 쉽게 접할 수 있게 되면서 전문 정보로의 접근성이 높아지고 인류 전체의 지식은 확장되었지만, 사람들의 정보에 대한 집착과 의존성은 날로 커져 정보 중독이 되었다. 궁금한 것이 생기면 치열하게 고민하기보다 잘 정리된 요약본을 찾고, 시험이 닥치면 필승 전략 노트를 찾아 무조건 암기한다. 타인의 기준과 방식을 맹목적으로 받아들이는 과정에서 비판적이고 주체적인 사고는 빠른 속도로 사라지고 있다. 심지어 정보 중독이 자기 자신이라는 무게중심을 송두리째 흔들고 있다는 사실도 눈치채지 못한다.

　취업 시장의 지원자들 또한 이러한 선악과에 취해 있다. 인터넷 만능주의는 지원자들의 정보 의존을 부추겼다. 끊임없이 정보를 찾아다니고, 더 확실하고 비밀스러운 정보를 갈구한다. 합격한 사람들의 자소서를 분석하고 면접 후기를 따라 하며, 합격자에 빙의해보려 노력한다. 채워지지 않는 갈증을 채우기 위해 인사담당자와 컨설턴트를 찾아가고, 반드시 넣어야 되는 키워드를 선별한다. 회사의 인재상과 직무역량을 중심으로 억지로 짠 필살기에 스스로를 욱여넣으며 그들의 눈에 들기 위해 안간힘을 쓰고 뿌듯함을 느끼기까지 한다.
　하지만 이렇게 준비한 면접의 결과는 항상 지원자들의 상식과 예상을 벗어난다. 지원자들은 면접에서 철저하게 직무 연관성을 고려한 경험과 역량을 어필하고, 끊임없는 다양한 경험을 통해 도전정신을 고취

해왔다고 강조한다. 회사의 연혁부터 경영이념, 제품군, 사업전략, 재무제표까지 모조리 암기해 면접에 임해보지만 반복되는 탈락의 고리는 끊어질 기미가 보이지 않는다. 반면 어떤 이는 취미와 스트레스 해소 수단을 묻는 질문에 게임과 음주를, 설립이념을 묻는 질문에는 "모르겠습니다. 죄송합니다."라고 답변해도 합격하는가 하면, 서류를 접수하면서 지원 회사에 관심이 생겼다는 당찬 답변을 하고도 최종 합격하기도 한다.

구독자 200만 명의 유튜브 채널 '피지컬 갤러리'의 인기 콘텐츠 '가짜사나이2' 면접에 18년 전 골키퍼의 드리블 사건으로 유명세를 탔던 전 국가대표 골키퍼 김병지 선수가 나타났다. 46살까지 선수생활을 하고 얼마 전 은퇴한 그에게 면접관이 짓궂은 질문을 던졌다. '18년 전으로 돌아가서 드리블 재시도하기' '가짜사나이2 면접 합격하기' 둘 중 하나를 고르라는 말에 김병지 선수는 고민 없이 답변했다. "드리블로 가겠습니다. 더 잘했겠죠. 그 자체가 실패로 끝났지만 그때 그 실패가 오늘의 저를 만들었어요. 그때 팀 내에서 주어진 역할을 제가 수행하지 못했죠. 제 개인적인 성공이 더 먼저였으니까. 당시 33살이었고, 모두 제가 그 사건 이후로 은퇴할 거라고 생각했어요. 하지만 제가 그때 그런 걸 느끼지 못했더라면 지금의 김병지가 있었을까 하는 생각이 듭니다."

18년 전 사건을 악몽으로 여겨 단순히 치부를 덮으려는 사람이었다면 서슴없이 가짜사나이를 선택했을 것이다. 창피한 순간이고, 괜히 말을 꺼냈다가 발목을 잡을 경험이라는 생각으로 마음속 깊은 곳에 꾹꾹 눌러 박아두었을 것이다.

하지만 김병시 선수에게서는 진솔함이 느껴졌다. 이제껏 철없는 골키퍼로만 생각했지만, 김병지 선수의 눈빛과 말투, 답변 속에서 진실된 생각과 됨됨이가 느껴졌다. 필자만의 생각이 아니었다. 면접에 참여한 다른 유명 유튜버들에게 참가 목적을 의심하며 야유를 보냈던 수만 명의 구독자들 모두 하나같이 김병지 선수에게 매료되어 열렬한 응원의 댓글을 남기고 있다. 진솔함에는 사람을 끌어당기는 강력한 힘이 있다.

합격과 실패를 가르는 가장 큰 차이는 진솔함이다. 합격자는 "이런 이야기를 해도 되나요?"라고 질문하지 않는다. 대신 "이런 말을 하고 싶은데 설득력 있게 들리나요?"라고 묻는다. 주체적으로 자신의 생각을 제시해보고, 설득할 수 있는 방법을 치열하게 고민한다. 어떻게 하면 뽑힐 수 있을지 간절히 고민하기보다, 자신이 꽤 괜찮은 생각과 태도를 가지고 있는 사람이라는 것을 면접관들에게 온전히 전달할 방법을 고민한다. 타인의 기준에 짜맞춰 준비된 면접과 철저한 자기이해에서 비롯된 면접 중에서 어떤 면접이 더 진솔하고 차별성 있게 느껴질 것인지는 명백하다.

어떤 면접관도 결코 허술하지 않다. 피도 눈물도 없는 비즈니스 세계에서 십수 년 동안 말과 글로 수많은 전쟁을 치르고 살아남은 이들이다. 직무에 맞는 척, 회사에 맞는 척, 애써 흉내 내고 억지로 짜맞춰 준비한 대답을 보면서 속아줄 만만한 사람들이 아니다. 지원자의 눈빛, 표정, 첫 멘트만 들어도 그 전략과 의도를 순식간에 간파한다. 그들이 원하는 것은 완벽한 연기가 아니다. 지원자의 진짜 모습, 진심 어린 고민의 깊이를 알고 싶을 뿐이다. 면접관이 무엇을 원하는지가 아닌 자신이 어떤 사람인지에 대한 치열한 고민이 필요하다. 지원자들에게 부족한 건 주체적 사고와 설득력이다.

면접은 완벽한 제품을 파는 과정이 아니다. '나'라는 제품의 '베스트 세일즈'를 이뤄내는 것이다. 베스트 세일즈를 위해서는 먼저 치열한 고민이 필요하다. '나'라는 제품의 역사, 속성, 사용법, 특징, 장단점까지 얼마큼 깊이 있게 탐구하고 고민하는지에 따라 내공이 쌓인다. 그러면 고객을 보는 순간 어떤 요소를 부각시킬지를 빠르게 간파해 상대방에게 맞는 세일즈를 진행할 수 있다. 제품인 '나'에 대한 이해가 최우선이며 고객인 '회사와 직무'를 고려해 자신만의 방식과 스타일로 세일즈를 해내면 된다.

취업은 잃었던 자신을 찾아가고 자존감을 회복해가는 과정이다. 주변 친구나 부모님께 "나는 어떤 사람이야?"라고 물어볼 필요가 없다. 주체적으로 스스로를 정의하고, 드러내고, 세일즈할 수 있다. 물론 그 내공은 결코 한순간에 쌓이지 않는다. 20년 차 영업사원의 노하우를 하루만에 배우고 싶다는 그릇된 욕심일 뿐이다.

지원자들이 탈락하는 이유는 노력이 부족해서가 아니다. 노력은 충분하다 못해 차고 넘친다. 다만 방법이 잘못되었다. 방향을 바로잡고 하나씩 쌓아간다면 변화할 수 있다. 지금껏 열심히 살아온 지원자들의 인생이 제값을 받을 수 있도록 치열하고 진지하게 고민을 시작하자.

　나이가 많다고, 스펙이 초라하다고, 전공이 업무와 무관하다고, 경험이 다르다고 더 이상 위축되지 않길 바란다. 모든 지원자들이 더 이상 타인의 기준에 휘둘리지 않기를 바란다. '나'라는 제품으로 베스트 세일즈를 해내고, 취업 시장의 전설적인 세일즈맨이 되길 바란다.

옴스

차례

4장 ✦ 유형별 면접 대응 전략

5장 ✦ 면접의 격을 높이는 면접 기술

6장 ✦ 실전 면접 준비의 정수

1장

스펙을 뛰어넘는 면접의 기술

연애와 면접,
닮아도 너무 닮았다

"안녕하세요. 저는 항상 이성을 먼저 배려합니다. 말 한마디, 행동거지 하나까지 조심하고 또 조심합니다. 기념일은 절대 잊지 않습니다. 100일부터 200일, 300일, 1주년, 2주년까지 전부 꼼꼼하게 챙겨서 상대방을 절대 실망시키지 않습니다. 게다가 저는 상대방의 존중과 존경을 받을 만한 멋진 모습도 가지고 있습니다. 제 일을 멋지게 해내는 건 기본이고 맡은 분야에서 탁월함을 보이며, 주변 사람들에게 부러움과 인정을 두루 사고 있는 사람입니다. 저 어떤가요?"

소개팅에서 만난 상대방이 이렇게 말했다면 어떻겠는가? 그의 말을 신뢰할 수 있을까? 그의 말은 신뢰는커녕 진정성이나 개성 그 무엇도 느껴지지 않고 오히려 부담스럽기만 하다. 당신은 자연스러운 대화를 통해 상대방을 알아가고 싶었다. 그런데 상대방은 행여 당신을 놓칠까 싶은 불안감에 억지스러운 어필이 튀어나왔고 그로 인해 당신은 도리어 철벽을 세우게 되었을 것이다.

사람들은 각자만의 판단 기준이 있다. 주선자에게서 전해 들은 상대방의 이력만으로 호감을 느끼지 않을뿐더러 마음을 결정하지 않는다. 사전에 알게 된 이력보다는 소개팅 장소에서 처음 마주할 때의 인상, 메뉴판을 보고 주문할 때 느껴지는 매너, 듣는 사람의 관심사를 고려한 대화 소재 선정과 분위기 리드 등등 눈에 보이는 모습과 행동을 통해 상대방에 대한 평가를 내리게 된다. 다짜고짜 자신은 머리도 좋고, 돈도 많고, 매너까지 좋고, 세심하게 이성을 챙긴다는 어필만 듣고 호감을 느낄 사람은 없다.

완벽한 사람만 통하는 건 아니다

면접은 스펙을 확인하는 자리가 아니다. 우리가 연예인급 이성에게만 끌리는 게 아니듯 회사의 인사담당자들도 완벽한 스펙을 가진 지원자만 찾지 않는다. 인사담당자나 면접관이 정량적 요소만으로 사람을 평가할 심산이었다면 직접 마주 보고 대화를 나눌 이유도, 스펙 좋은 지원자가 면접에서 떨어질 이유도, 스펙이 안 좋은 지원자가 생각지 못하게 최종 합격되는 일도 없을 것이다.

그럼에도 대부분의 지원자들은 다양한 스펙을 내세우며 자신이 완벽한 준비를 해온 적임자라고 이야기한다. 다양한 경험과 준비를 통해 실무에 필요한 역량을 완벽히 갖췄으며 주변 사람들에게서 호평받는 리더십과 커뮤니케이션 역량까지 두루 겸비한 퍼펙트맨이라고 강조한다. 심지어 단점조차도 '완벽을 추구하는 성향'이다. 지원자의 말만 들으면 전설로만 존재하던 실력자를 눈앞에서 만나게 되는 영광스러운 순간이 아닐 수 없다.

한데 과연 면접관은 최선을 다해 자기자랑을 쏟아내는 지원자에게 신뢰와 호감을 느낄 수 있을까? 앞에서 언급된, 대뜸 스스로를 멋지고 괜찮은 이성이라고 자랑을 늘어놓는 소개팅 상대가 떠오르지 않는가?

물론 회사는 항상 좋은 사람을 뽑기 위해 고민한다. 그러나 그 좋은 사람이 절체절명의 위기에 빠진 회사를 구할 슈퍼맨을 의미하는 것은 아니다. 회사는 신입사원이라면 능력이 부족할 수밖에 없다는 사실을 너무 잘 알고 있다. 그들은 다소 어설프고 부족하더라도 회사의 문화와 분위기에 잘 적응하고, 그 과정 속에서 다른 직원들과 함께 어우러져 회사의 흥망성쇠를 함께 경험하고 미래를 이끌어갈 좋은 동료를 찾고자 한다.

즉 회사가 신입사원에게 기대하는 것은 완벽함이 아니다. 동료들과

조화롭게 융화되고 열의를 갖고 배우고자 하며 진득하게 성장해나갈 수 있는 좋은 인성과 태도를 원한다. 완벽하지만 타인에게 긴장감과 불편함을 주는 사람보다, 같이 있는 사람의 기분을 편안하게 만들어서 어떤 이야기든 술술 털어놓고 싶은 사람과 오랜 시간 함께하고 싶은 게 인간의 본능이다. 다양한 인턴 경험, 공모전 수상, 뛰어난 어학 실력을 드러내며 자신의 역량만 강조하는 지원자보다, 누구와도 쉽게 잘 어울리며 어떤 일이든 야무지게 해낼 수 있다는 겸손한 태도와 책임감을 가진 지원자에게 마음이 갈 수밖에 없다.

출중함보다 배움에 대한 열정을, 완벽함보다 스스로의 문제점을 주체적으로 받아들이고 변화하려는 노력을, 뛰어난 스킬보다 무엇 하나를 하더라도 야무지게 처리하는 책임감을 가진 지원자가 더 예쁘고 기특하게 보인다. 그래서 면접관은 종종 지원자의 엉뚱하고 어설프지만 솔직한 모습에 웃음을 터뜨리거나 호감을 느끼기도 한다.

필자는 단 한 번도 이상형과 만나본 적이 없다. 매번 눈앞에 있는 이성과 친해지는 과정에서 생각지 못한 매력에 빠져 호감이 생겼고, 만남으로 이어졌다. 이처럼 상대방의 스펙이나 조건만 봤다면 결코 이뤄지지 못했을 만남이 세상 곳곳에서 일어난다. 면접도 그렇다. 사람과 사람 간의, 면접관과 지원자 간의 허심탄회한 대화 속에서 면접관은 지원자의 인간적이고 진솔한 매력을 발견한다. 그리고 불현듯 '이 친구와 같이 일하고 싶다'는 마음이 생기고, 이는 결국 채용으로 이어진다. 당장 불안감을 해소하는 데만 급급해 "저 정말 괜찮은 사람인데, 뽑아주세요!"라며 갈구하지 말자. 대신 상대방에게 자신의 좋은 태도와 인성, 인간미를 느낄 수 있게 만드는 대화법과 면접 기술을 올바르게 키워가자.

N수생의 면접 기술,
19세기형 면접 알파고

　면접 N수생은 새로운 면접이 잡힐 때마다 같은 실수를 반복한다. 면접 준비에 아무리 많은 시간을 쏟아도 가슴속과 머릿속에 진심 어린 열정이나 지식에 대한 고민은 하나도 쌓이지 않고, 어떠한 변화도 일어나지 않는다. N수생은 그럴수록 면접 준비에 더 많은 시간을 쏟아붓는다. 계속해서 탈락의 고배를 마시거나 분위기가 좋았던 면접에서 떨어진 이유를 모르겠다고 생각하는 지원자가 있다면, 자신이 바로 그 N수생은 아닌지 돌아볼 필요가 있다.

N수생들의 특징: 잘 보이려고 안간힘 쓴다

〈1인칭 N수생 시점〉

비전공자면서 왜 지원했냐고 묻는 면접관의 목소리가 귀에 맴돈다. 다양한 활동 내역과 인턴 경험을 전진에 배치해 나의 부족함을 가려야 한다. ○○전자의 가전제품 라인업, 신제품의 판매가와 스펙, 작년도 매출실적과 영업이익까지 몽땅 암기했지만 입에 착착 감기지 않고, 숫자들은 계속 뇌를 이탈하려고 시도한다. 1분 자기소개를 생각하니 속이 울렁거린다. 나의 인생을 비롯해 모든 주요 경험을 1분에 눌러 담아내면서 역량을 어필해야 한다. 쉬운 일이 아니다. 몸을 뒤척이다 억지로 눈을 감는다. 면접을 위해 예약해둔 숍에 새벽 4시까지 가야 한다.

결국 뜬눈으로 밤을 지샜다. 오늘의 면접 복장은 '편안한 비즈니스 캐주얼'이라고 안내받았지만 나는 정장을 입었다. 모 취업전문가가 그건 함정이라고 했기 때문이다. 아니나 다를까 면접장에 도착해보니 단 1명을 제외하고 모두 정장을 입었다. 마음이 놓인다.

N수생에게는 면접의 모든 순간이 부담이고 트라우마다. 어떤 트집도 잡혀서는 안 된다고 되새긴다. 주어진 짧은 시간 동안, 불굴의 도전정신으로 다양한 경험을 쌓았으며 직무수행에 필요한 역량을 두루 갖추었을 뿐만 아니라 회사에 대한 정보를 잘 파악하고 있다는 것까지 어필해야 한다. 회사에서 공지한 면접 가이드 하나까지도 있는 그대로 보지 못하

고, 혹시 회사의 노림수는 아닐까 노심초사하며 인터넷에 검색해보고 주변 응시자들의 동태까지 꼼꼼하게 체크한다. 사소한 포인트 하나도 놓치지 않기 위해 빈틈없이 준비한 면접, 그 결과는 과연 좋았을까? 전혀 아니었다. 20분도 채 되지 않는 시간 안에 자신의 영혼과 인생을 갈아 넣으려 안간힘을 써보지만 단 한 번의 면접도 생각처럼 진행되지 않았다. 1년이 지나도록 합격 소식은 묘연하다. 대체 N수생의 면접 준비는 과연 무엇이 잘못된 걸까?

1분 자기소개에 경험과 역량, 직무 연관성까지 모두 담으려 한다

> **BAD** "안녕하십니까? 도전정신과 리더십, 커뮤니케이션 역량을 가진 지원자 ○○○입니다. 저는 수차례의 공모전과 아르바이트, 교환학생 등의 경험을 통해 도전정신을 키워왔습니다. 또한 학과 대표, 학회의 수장과 봉사단체의 리더를 맡아 2년간 리더십과 커뮤니케이션 역량을 키울 수 있었습니다. 제가 바로 ○○화학에 꼭 필요한 인재라고 확신합니다."

　　N수생은 준비한 내용을 토씨 하나 틀리지 않고 완벽히 말했다. 자신의 주요 경험과 역량을 확신에 찬 어조로 어필했으니 직무역량을 충분히 납득시켰다고 생각했다. 하지만 다음 지원자들의 자기소개도 크게 다르지 않았다. 모두 역량을 길렀다며 입에 침이 마르도록 자신의 이력만 늘어놓는 스펙 자랑이 이어졌다. 면접관은 답답함을 토로하며 '진짜

자기소개'를 원한다고 재차 말했지만, 이후에도 지원자들은 예상에서 벗어나지 않는 기계적인 자기소개만 늘어놓았다.

지원동기에 회사와 관련된 경험을 어떻게든 연결하려 한다

Q. "○○전자에 지원하게 된 이유는 무엇인가요?"

BAD "학교에서 열렸던 채용설명회의 ○○전자부스에 방문했을 때 친절하게 상담을 해주시고, 회사에 대해 자부심을 느끼는 모습이 감동적이었습니다. 또한 ○○전자는 사내교육 프로그램뿐만 아니라 해외교육과 주재원의 기회 또한 많다는 점이 인상 깊어서 꼭 가고 싶다는 생각이 들었습니다. 마지막으로 비메모리 반도체 시장 선점을 위한 수십 조 단위의 투자는 최고와 도전을 지향하는 제 가치관과도 맞닿아 있습니다."

N수생은 '그날 채용설명회에 가지 않았더라면 ○○전자와 나의 연결고리로 제시할 만한 스토리가 없을 뻔했지 뭐야.'라며 당시 상담부스에 찾아갔던 게 천만다행이라고 생각한다. 사내교육 프로그램에 대한 언급으로 회사에 대한 관심과 자신의 열정도 잘 어필했다고 가슴을 쓸어내렸을 것이다. 그런데 면접관도 똑같이 느꼈을까? 회사의 도전이 본인의 가치관과 맞닿아 있다는 이야기는 얼마큼 설득력 있게 들렸을까? 회사의 주요 사업과 상품에 대한 언급이나 관심 없이, 사내 프로그램에 관심 있어서 지원했다는 지원자의 답변에서 '지원 회사의 사업과 제품

에 대한 깊은 이해'는 전혀 찾아볼 수 없다. 아마 면접관은 이렇게 생각했을지도 모른다. '회사에 대한 생각을 물었더니 웬 채용설명회? 동문서답도 정도가 심하네!'

많은 지원자가 회사의 사상 최대 실적, 해외진출 현황과 전 세계 공장 및 R&D센터의 개수를 알고 있다고 강조한다. 그러나 회사 정보를 단순히 많이 암기해온 사람과, 회사의 주요 사업과 상품 전략에 대한 개인적인 견해나 해석을 드러내는 사람 중 면접관이 어떤 쪽의 답변에 귀 기울일지는 불 보듯 뻔하다. '알고 있다'와 '어떻게 생각한다'는 하늘과 땅 차이임에도 N수생들은 특별한 정보를 찾고 단순히 암기하는 데 숱한 시간을 쏟고 탈락하기를 반복한다.

직무역량에 대한 견해 없이 본인의 능력만 어필한다

> **Q. "마케팅에 필요한 역량은 뭐라고 생각하나요?"**
>
> **BAD** "저는 마케팅 직군에 필요한 분석력과 커뮤니케이션 역량을 갖췄습니다. 학부 시절 데이터에 대한 관심으로 데이터와 관련된 교육을 이수했으며 마케팅 학회, 대외활동, 공모전 등에 다수 참여했습니다. 이를 통해 여러 팀원들과 함께 부대끼며 마케팅에 대한 관심뿐만 아니라 커뮤니케이션 역량까지 키울 수 있었습니다."

N수생은 간단한 질문도 끝까지 듣고 되새기지 않는다. 면접관은 '직

무에 필요하다고 생각하는 역량'을 물었지만 지원자는 '직무역량'이라는 단어만 생각한다. 기회가 되면 어필하려고 준비해둔 관련 경험과 성취를 기다렸다는 듯이 쏟아낸다. 만약 답변하기 전에 질문을 곱씹어본다면, 면접관은 "이러한 이유 때문에 마케팅에는 어떤 역량이 필요하다고 생각합니다."라는 식으로 직무에 대한 견해를 듣고 싶어 한다는 것을 알 수 있다. 그러나 모든 질문을 자신의 역량을 어필할 기회로만 생각하다 보니 면접관의 별것 아닌 질문에도 신속하고 당당하게 동문서답하는 것이다.

면접 준비과정을 살펴보면 문제는 더 잘 드러난다. 말로는 관심 직무라면서 스스로 관련된 서적이나 정보를 찾고 주체적으로 직무를 학습하기보다는, 서둘러 현직자를 찾아 나선다. 어렵사리 만난 현직자의 입으로 전해 들은 "마케터라면 분석력과 커뮤니케이션 역량을 어필해야지."라는 말에 회심의 미소를 짓는다. 집으로 돌아와서는 분석력과 커뮤니케이션이라는 키워드를 중심으로 표면적 관련이 있는 경험과 성과를 이어 붙여 다음과 같은 답변을 준비한다. "저는 분석력과 커뮤니케이션 역량이 있습니다."

N수생의 준비과정 어디에도 '주체적인 직무 학습과 해석'은 찾아볼 수 없다. 현직자의 말만 철석같이 믿고 자신 있게 어필했던 분석력과 커뮤니케이션 역량은 사실 모든 직무에 필요한 역량이다. 심지어 현직자의 조언은 수천 명의 직원들 중 단 1명의 견해일 뿐이지만, 무비판적이고 맹목적으로 그의 말을 신봉한다. 그리고 주체적 해석 없이 전해 들

은 키워드를 있는 그대로 차용해서 "제가 그런 사람입니다."라는 우기기식 면접을 준비한다. 간단한 단어임에도 주체적 고민과 해석 없이 무비판적으로 수용했기에 "지원자가 이야기한 커뮤니케이션 역량이라는 건 대체 뭐예요?"라는 면접관의 간단한 질문에도 말문이 막힐 수밖에 없다.

자기 자신에 대한 객관적 시각 없이는 계속되는 면접 탈락의 악순환을 끊을 수 없다. '관련 정보를 다 알아. 잘했어!' '조언대로 다 했는데 뭐가 문제지?'라는 식의 지식착각(illusion of knowledge)에서 벗어나지 못한다면 어떤 변화도 일어나지 않을 것이다. 면접 N수생을 탈피하기 위해서는 처절한 자기객관화가 필요하다.

합격자의 면접법,
스펙이 부족해도 단단하다

오수아   가게 차린다고 했잖아. 어디다 차리게?

박새로이   여기저기 돌아다녀보고 고민하려고 했는데, 여기 좋더라. 이태원.

오수아   이태원 처음 장사 시작하기에 비춘데. 평일 주말 갭이 커. 홍대,

               건대 같은 번화가에 비해 사람도 일찍 끊기고, 관리금도 목 좋은

               곳은 2억 넘어. 당연히 보증금 월세도 비싸고.

박새로이   여기가 좋아. 반했어.

오수아   언제쯤 차릴 건데?

박새로이   7년 후에.

드라마 〈이태원 클라쓰〉 2회 중

오수아　　(물을 뿜는다.) 그럼 그동안은 뭘 하려고?

박새로이　원양어선.

　　겉보기에는 완벽한 스펙과 배경을 가진 캐릭터 장근원은 돈과 권력으로 다른 이들을 찍어 누르려 한다. 눈에 보이는 스펙으로 자신의 부족함을 가리기 위해 안간힘 쓰지만, 그의 불안한 눈빛에서는 너덜너덜한 자존감과 열등감이 여실히 느껴진다. 반면 장근원 때문에 억울하게 전과자가 된 박새로이는 단단하다. 틈이 보이지 않는다. 자신의 꿈을 비웃는 짝사랑 앞에서도 의연하다. 가진 게 많기 때문이 아니라, 자기 자신에 대한 확신에서 나오는 단단함이다. 그의 높은 자존감과 자기 확신은 항상 주변 사람들을 매료시킨다. 장근원을 보면 N수생이, 박새로이를 보면 예상을 뚫고 합격을 이뤄내는 합격자가 떠오른다.

합격자들의 공통점: 단단하게 '나다움'을 보여준다

면접에 대한 설렘으로 늦게 잠들긴 했지만 늦은 아침까지 꿀잠을 잤다. 무난한 검은색 정장과 스트라이프 넥타이, 스트레이트 토의 구두가 무난하다는 이야기를 어디서 주워들었지만 나와는 상관없는 이야기다. 비즈니스 캐주얼을 입고 오라고 했으니 쿨하게 평소 즐겨 입는 니트와 청바지에 까만색 블레이저를 입고 면접장으로 향했다. 면접장에 정장을 안 입은 사람은 나 혼자지만 개의치 않는다. 가장 나다운 모습을 편안하게 보여주는 데 이만큼 좋은 게 없다. 거기에 이마가 훤하게 트인 올림머리까지. 남들은 새벽부터 일어나 메이크업부터 머리, 옷에까지 돈을 쓴다는데, 나는 대신 면접 후 기름진 삼겹살에 소주로 지친 심신을 달랠 예정이다.

공대 출신의 한 지원자는 7년 전 SK그룹 주류 계열사 자유복장 면접에 혼자 캐주얼을 입고 갔다. 왜 그렇게 옷을 입고 왔냐는 면접관의 질문에 "가장 나다운 모습을 보여주고 싶었습니다."라고 당당하게 이야기하고, 자신의 스타일대로 면접 분위기를 끌어나갔다. 그는 경영학 지식이 없었음에도 마케팅 직무에 최종 합격했고, 지금도 사내에서 탁월한 역량을 인정받으며 탄탄대로를 걷고 있다. 이처럼 합격자들에게는 자기 자신을 보여주는 것을 두려워하지 않는다는 공통적인 특징이 있다.

지원동기 1 "스펙이요? 하고 싶어서 지원했는데 이유가 필요한가요?"

> **Q. "옴스 씨는 영어 말하기 점수가 낮은데**
> **해외영업을 지원한 이유가 무엇인가요?"**
>
> 옴스 "하고 싶어서 지원했습니다. 한국은 5천만 인구지만 세상에는 60억 인구가
> 있습니다. 새로운 시장, 새로운 기회를 찾고 기업을 성장시킬 수 있는 해외영
> 업을 하고 싶다는 것이 지원한 이유입니다. 영어 실력은 부족하지만, 글로벌
> 경제와 시장의 흐름을 읽고 새로운 기회를 찾아낼 수 있는 장점을 가지고 있
> 습니다."

점수가 낮다면 쓰지도 말라? 그런 게 어디 있나! 토익스피킹 레벨6의 평범한 영어 실력으로 해외영업에 지원한 필자에겐 해외영업을 하고 싶은 분명한 이유가 있었다. 영어 점수는 부족하지만 해외영업을 못 할 이유가 없다고 생각했다. 주변의 만류는 신경 쓰지 않았다.

해외영업 지원동기로 오랜 해외 경험과 외국어 실력을 내세우는 지원자들과 달리, 필자는 답변에서 해외영업을 하고 싶은 이유를 있는 그대로 드러냈다. 충분히 나만의 장점을 내세워 자신감을 보여줬다. 판단은 그들의 몫으로, 내가 고민할 바가 아니었다. 나만의 색깔과 실력으로 면접관들을 구워삶겠다는 자신감으로 면접에 임했다. 대표이사가 주재하는 다대다 최종 면접에서 2개의 질문밖에 받지 못했지만 결과는 최종 합격이었다.

지원동기 2 "연관성은 없지만 '사업이 꽤 매력적'이라고 느껴졌습니다."

Q. "타이어산업에 관심을 갖게 된 계기가 있습니까?"

GOOD "솔직히 처음부터 잘 알거나 관심을 갖고 있었던 건 아닙니다. 그렇지만 회사를 공부하면서 타이어는 자동차의 핵심인 안정성과 스피드, 제동력을 결정한다는 점을 알게 되었고 그 점이 무척 인상 깊었습니다. 특히 앞으로 자율주행과 모빌리티, 수소·전기차를 중심으로 시장이 변화하면서 타이어의 역할이 더욱 부각될 거라고 생각했습니다."

합격자는 애초에 타이어사업에 관심이 없었다. 여느 지원자 같았다면 관심을 가져왔다고 억지로 어필하려고 했겠지만, 합격자는 타이어에 대해 평소 생각하고 느낀 바를 솔직하게 드러내 좋은 인상을 남길 수 있었다. 타이어를 어떻게 만드는지, 어떤 기술력과 특허가 적용되는지 세세한 부분은 문과 출신 신입사원이 당장 고민할 문제가 아니다. 그걸 알고 있었다면 이미 타이어 회사 연구소에서 선임연구원으로 연구개발을 하고 있었겠지, 면접장에 앉아 있을 이유가 없다.

합격자는 한국타이어 해외영업 면접에서 "왜 타이어산업인가요?" "왜 한국타이어인가요?" "왜 OE Sales를 선택했나요?"라는 질문에 회사와 직무를 중심으로 공부하면서 느꼈던 생각을 있는 그대로 표현했다. 면접관들은 깊은 고민이 느껴지는 대답에 깊은 인상을 받았다고 한다. 처음엔 지원 계획이 없었지만 필자의 권유로 마감 이틀 전에 지원했다. 그럼에도 탄탄한 자기이해와 직무이해가 기반되었기 때문에 타이어산업과 회사이해를 중심으로 수월하게 면접을 대비할 수 있었다. 회사와 자신의 연결고리가 있는지, 회사에 대해 얼마나 많이 알고 있는지 구태의연하게 자랑하지 않아도 충분히 강렬한 인상을 남길 수 있다.

직무역량 "나만의 생각과 논리로 승부를 보겠습니다."

Q."연구개발에 필요한 역량과 그렇게 생각하는 이유는 무엇인가요?"

GOOD "세상의 흐름을 보는 눈이 필요하다고 생각합니다. 기업의 자원과 시간이 한정되어 있는 만큼, 어떤 사업 분야의 어떤 기술에 연구개발 역량을 집중시킬 것인지에 따라 회사의 중장기 경쟁력은 크게 달라질 수 있습니다. 변화하는 시장과 기술 트렌드의 핵심을 파악할 수 있는 거시적인 관점과 시각에서 연구개발 과제와 세부 계획을 도출할 수 있어야 한다고 생각합니다."

Q."영업 직무에 가장 필요한 역량은 무엇이라고 생각하나요?"

GOOD "새로운 시도가 중요합니다. 영업도 창조적인 일입니다. 혁신과 변화는 항상 새로운 시도와 접근에서 시작합니다. 기존의 판매 방식과 고객관리 서비스만으로는 과거에서 벗어날 수 없습니다. 때문에 때로는 결과가 따르지 않더라도 두려움 없이 지속적으로 새롭고 과감한 시도를 하는 태도가 영업 직무에 필요한 자질이라고 생각합니다."

옆 지원자들이 차례로 답변을 이어간다. 도전정신, 끈기, 책임감, 커뮤니케이션이 등장하기 시작한다. 게다가 필요한 역량과 그 이유를 묻는 질문에 자신이 얼마나 우수한 경험과 이력, 성취를 가지고 있는지 자랑하고 있다. 그러한 동문서답을 듣고 있으니 합격자는 마음이 놓인다. 다른 지원자들은 당황한 기색이 역력하다. 자기가 준비한 걸 옆에서 먼저 선수 쳤다는 표정이다. 합격자가 보기에는 똑같이 생긴 옷을 다 같이 빌려 입고 앉아 서로 자신의 옷인 양 다투는 모습이 우스꽝스러울 뿐이다. 그들의 답변에는 자신만의 생각과 논리가 없기 때문이다.

취미와 특기 있는 그대로, 구체적으로, 어떤 사람인지 보여주는 데 집중한다

Q. "지원자는 스트레스를 어떻게 푸나요?"

GOOD "친한 친구들을 번개로 불러 모아 술을 마시면서 즐겁게 수다 떨 때가 가장 즐겁습니다. 스트레스받았던 상황도 속 시원하게 이야기할 수 있고, 웃고 떠들다 보면 스트레스받은 일도 금세 잊게 됩니다. 과음으로 지각을 하거나 해야 될 일을 놓친 적은 단연코 없습니다." (뒤이어 취미와 여가 활동에 대한 질문에는 게임과 쇼핑을 이야기했다.)

면접관들이 빵 터졌다. 반면에 신문, 요가, 운동, 독서라는 다른 지원자들의 취미 이야기를 듣는 면접관들의 표정은 무척이나 따분해 보였다고 한다. 필자와 함께 면접을 준비했던 지원자 중에 S대학교 교직원 면접에서 스트레스 해소 방법과 취미를 묻는 질문에 음주와 게임을 이야기한 지원자도 있다. 그러다 떨어지면 어떡하냐고? 최종 합격자의 이야기다. 게임을 즐기고 술을 마시는 것을 면접에서 이야기하면 안 된다는 생각은 N수생들의 생각일 뿐이다. 앞에 있는 면접관 대부분도 저녁으로 맛있는 요리에 반주를 즐기는 이들이다. 알코올중독자가 아닌 이상 이상할 건 전혀 없다. 게임도 마찬가지다. 게임 리그 오브 레전드(League of Legend)의 2019년 월드 챔피언십 결승전은 동시 시청자가 4,400만 명이었다. 게임은 더 이상 터부시되는 오락이 아니라 하나의 문화이자 스포츠가 되었다. 언제까지 구시대적 사고에 사로잡혀 취미가 게임인데도 게임을 좋아한다 말도 못 하고 끙끙댈 것인가.

합격자들의 면접 DNA: 자기 확신

면접에 성공하는 이들에게는 공통점이 있다.

- 자신만의 색깔을 추구하며 자신감이 보인다. 높은 자존감이 핵심이다.
- 질문자의 의도를 파악하는 데만 몰두하지 않고 자신의 분명한 주관을 드러낸다. 논리적 근거는 덤이다.
- 회사나 직무와의 연관성은 필요 없다. 사업에 대해 이해하고 학습한 바

를 표현함으로써 회사에 대한 관심을 드러낸다.

- 묻는 질문을 정확하게 듣고 정확하게 답변한다. 무엇을 보여주겠다는 의도 대신 아는 것을 분명하게 표현한다.

- 소소한 취미나 관심사에 대한 답변은 솔직하고 자연스럽게 이야기한다. 그래야 진솔함과 인간미가 느껴진다.

단단한 자기 확신은 밑도 끝도 없이 생기지 않는다. 박새로이의 높은 자존감, 합격자의 자신감은 이처럼 분명한 학습과 이해를 기반으로 한 철저한 고민에서 시작되었다. 남들과 다른 색깔과 자신만의 뚜렷한 주관에 몰두할수록 자존감은 더욱 단단해진다. 그렇게 되면 면접은 더 이상 두려움의 대상이 아닌 설레고 즐거운 경험으로 바뀔 것이다.

N수생과 합격자의 면접 기술을 비교하며 그동안 면접에서 저질렀던 과오를 반성하고, 올바른 방향을 새롭게 설정해보자. 더디더라도 차분하게 하나씩 다져나간다면 어느새 최종 합격의 문턱을 덜컥 넘어서 있을 것이다.

면접 고수는
글발부터 다르다

"옴스 님, 저 면접 가요! 이제 뭐부터 준비하면 될까요?"라고 묻는 지원자에게 보통 이렇게 답변한다. "자소서 쓸 때부터 고민하고 정리했던 것들을 그대로 점검하셔야죠?" 지원자는 이미 자소서 작성 단계에서 산업과 사업의 매력부터 해보고 싶은 업무와 그 이유, 자신이 잘할 수 있다고 생각하는 이유를 고민했다. 그럼에도 마치 자소서와 면접에서 묻는 내용이 다르다는 듯 필자에게 질문을 던진다. 그러고는 면접이 잡히는 순간 지금까지의 준비과정과 고민은 제쳐두고, 제로베이스에서 전혀 다른 형식과 방식으로 면접을 준비하기 시작한다. 1년이 넘는 긴 시간 동안 취업을 준비했음에도 면접만 닥치면 위축되는 이유다.

지원자 취업 준비 사이클 vs. 옴스식 취업 준비 사이클

  합격자의 마인드는 다르다. 취업의 3요소(나, 회사, 직무)를 중심으로 치열하게 고민해 도출된 생각 중 일부를 자소서에 작성한다. 3요소를 중심으로 한 총체적인 고민 중 자소서에 표현되는 생각과 경험은 20~30% 정도라고 볼 수 있다. 자소서 분량에 해당하는 경험의 조각과 순간만을 찾아 면접에 욱여넣는 N수생과는 시작부터 다르다. 합격자는 면접이 잡히면 기존에 고민했던 3요소를 다시 정비하고, 기존에 작성한 자소서의 내용을 중심으로 면접을 준비한다. 특히 3요소 중 '나'와 '직무'에 대한 고민은 지원하는 회사가 변해도 동일하게 적용되기 때문

면접에서 다시 자소서로, 악순환의 고리

자소서 항목 확인 > 인재상과 직무역량 확인 > 연관경험 도출 > 자소서 작성 > 면접(새롭게 준비)

탈락 반복

에, 오랜 시간 고민해온 지원자라면 '회사'에 대한 부분만 집중적으로 고민하고 면접에 가도 흔들림이 없다.

그렇기 때문에 자소서를 쓰는 단계에서부터 3요소를 중심으로 취업의 중심과 방향성을 바로잡는 게 중요하다. 그래야 자소서 작성 단계에서 고민했던 것들이 면접 단계로 그대로 이어져 비효율적인 시간 낭비를 줄일 수 있다. 이처럼 '서류-면접'의 사이클이 반복되는 와중에 3요소를 중심으로 한 지원자의 기본 내공은 계속 올라가게 된다. 물론 이런 선순환의 과정 속에서 자소서의 수준도 함께 올라가는 것은 당연한 이치다.

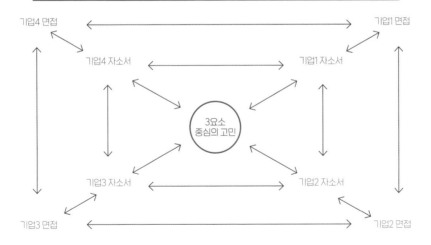

여러 회사에 적용할 수 있는 취업 3요소의 순환

자소서와 면접의 차이점

면접이 자소서와 다른 점은 다음과 같다. 면접에서는 자소서에 작성한 내용의 범위를 넘어서 폭넓고 다양한 질문들이 제시되며, 질문을 듣고 짧은 고민 후 순발력 있게 답변해야 된다는 점이다. 서류전형 단계에서 제시된 질문을 채우는 데만 급급했던 지원자는 면접 준비가 막막하게 느껴질 수밖에 없다.

앞서 3요소를 중심으로 한 고민 중 20~30% 정도만 자소서에 드러난다고 언급한 바 있는데, 여기서 N수생이 되지 않기 위해 명심해야 될 부분이 있다. 반복적으로 사용하는 20~30% 수준의 소재에 익숙해져서는 안 된다는 것이다. 지원하는 회사가 바뀌고, 항목이 바뀔 때마다 기존에 활용했던 소재 외에도 새로운 소재를 활용해 적극적으로 변화를 주고자 시도해야 한다. 운동할 때 기본 훈련을 철저히 다질수록 필요한 상황에서 몸이 자동으로 반응하듯, 꾸준하게 새로운 주제와 소재를 활용해 자소서를 쓸수록 다양한 레퍼토리와 주제, 답변 패턴이 자연스럽게 머릿속에 쌓여 면접에서의 순발력도 함께 올라간다.

자소서와 면접의 또 다른 차이는 바로 답변 방식과 답변의 길이다. 자소서에 작성한 모든 구체적인 상황과 내용을 면접에서 양껏 이야기할 수는 없다. 이는 6장에서 나올 '실전 면접 준비의 정수'를 참고하면 된다. 핵심만 잘 준비되었다면 어려울 것 하나 없다.

자소서의 결과물은 면접에 그대로 드러난다

"스스로를 어떤 사람이라고 생각하나요?"라는 질문이 주어졌을 때, N수생은 보통 질문의 의도부터 묻는다. "옴스 님, 이런 질문은 뭐라고 답변하나요?" 내지는 "도전정신과 협업 중에 뭘 어필해야 좋을까요? 아무래도 직무가 품질관리면 협업이 좋겠죠?"라고 묻는다. 자소서를 쓸 때부터 자기 자신에 대해 제대로 고민하지 않았다는 증거다.

반면에 합격자는 "뭐든 행동으로 보여줄 수 있는 사람입니다."라며 성장과정에서 제시했던 주제를 그대로 활용하거나, "나라고 생각되면 나서는 책임감 있는 사람입니다."라며 성격의 장점에 작성했던 내용을 주저 없이 제시해보기도 한다. 이미 관련된 사례들을 자소서에 작성한 바 있기 때문에 간략하게 관련 경험을 함께 제시해 '생각+사실'의 논리적인 답변 구조도 깔끔하게 완성한다.

Q. "생산관리에 지원한 이유가 무엇인가요?"

BAD "기계공학을 전공하며 관련 분야에 대한 관심을 키울 수 있었습니다. 전공 수업 이외에 기사 자격을 취득하고, 대외기관 교육을 이수하며 꾸준하게 쌓아온 실력을 가장 잘 발휘할 수 있는 분야라고 생각했습니다."

"공정이나 생산현장에서 발생한 문제를 얼마나 빠르게 해결할 수 있는가, 발생 가능한 문제를 얼마나 조기에 예방할 수 있는가는 제조기업의 생명인 생산성과 수율에 직결된다는 점이 인상 깊었습니다. 전공지식과 교육을 이수하며 쌓은 지식을 활용해 불량은 낮추고, 생산성은 끌어올려 조직에 기여하고 싶습니다."

첫 번째 지원자는 직무에 대한 고민과 애정이 느껴지지 않는다. 애초에 자소서를 쓸 때부터 부족했던 산업과 회사에 대한 고민이 면접에서 갑작스레 생길 리 없다. 그저 전공과의 관련성 때문에 지원했고, 그저 많은 준비를 해왔으니 믿어달라는 식의 맹목적인 구애일 뿐이다.

두 번째 답변에는 자소서에 드러난 직무 역할에 대한 지원자의 고민이 보인다. 직무 학습과정에서 도출된 올바른 직무 관점을 있는 그대로 드러내 직무 지원동기도 쉽게 해결할 수 있다. 자소서와 면접은 이처럼 맞닿아 있다. 자소서를 쓰면서 했던 고민을 면접에 맞춰 핵심만 간결하게 답변으로 재구성하면 그만이다. 글발과 말발의 근원은 같은 지점에서 비롯된다.

'나'와 '직무' 자체에 대한 이해, 고민은 업종이 다른 회사의 면접에도 동일하게 적용될 수 있는 핵심적인 요소다. '행동으로 보여주는 사람'이자 '호기심을 철저히 좇고 탐구하는 사람'이라는 나라는 사람의 성향은 어떤 회사에서나 보여줄 수 있다. '다품종 소량생산 체제로 변화하고 있는 제조업에는 유연한 생산공정 설계와 수율 확보가 필요하다'는 생산 직군에 대한 관심 또한 제조업을 영위하는 모든 회사에서 그대로 제시해볼 수 있는 생각이다. 각기 다른 회사에서 면접을 볼 때 달라지는 사항은 지원 산업과 기업에 대한 이해뿐이다. 따라서 오랜 시간 3요소에 대해 탐구하고 고민했던 지원자라면 산업, 기업 중심의 면접 준비만으로도 코앞에 닥친 면접을 대비하기 충분하다.

우리는 대화를 통해 상대방의 수준과 깊이를 금세 눈치챌 수 있다. 말은 곧 생각의 발현이기 때문이다. 그 사람이 살아온 삶의 궤적과 치열한 사색, 고찰의 흔적이 말 곳곳에 배어나온다. 그런 의미에서 '유창함'과 '진정성'은 엄연히 다르다. 진정성이 단단한 코어라면 유창함은 포장이고 껍데기다. 우리는 알맹이 없이 미사여구만 유창하게 늘어놓는 사람들에게 '가볍다'는 표현을 쓴다. 반면에 유창함은 다소 부족하지만 한마디, 한마디에 무게감과 진심이 담긴 이들을 보며 '진국'이라는 표현을 쓴다. 면접관은 껍데기만 요란한 지원자를 찾지 않는다. 유창함은 다소 떨어져도 담담하게 자신의 농익은 색깔과 깊이를 드러내는 진국을 원한다. 묵직한 진심은 치열한 고민에서 비롯된다. 자소서를 작성하는 단계에서부터 3요소를 중심으로 치열한 고민에 몰두하자.

2장

면접의 핵심은 나다

멘탈을 바꾸면
면접이 쉬워진다

유경택   야구는요. 직접 뛰어본 사람이 잘 본다고 믿습니다. 그리고 저

                아직도 매일 같이 베팅 연습합니다. 왜 그런지 아세요?

백승수   저야 모르죠.

유경택   제가 몸이 안 만들어져 있으면, 현역 애들? 제 얘기 듣지도

                않아요. 아무리 분석해서 보여주면서 "이 점 고쳐라." 영상으

                로 설명을 해줘도 지들 몸은 지들이 더 잘 안다는 애들이에

                요. 그런데 일반인이 야구영상 좀 봤다고 설명을 해요? 그걸

                듣겠어요?

백승수   **저라면 몸을 만들어서 선수들의 기준에 맞추기보다는 선수들의 잘못된 생각을 고칠 겁니다.** 공개모집 하시죠. 그 공개모집에 팀장님 추천인도 지원하면 되니까요.

    전력분석팀원이 회사를 관둬 인력 충원이 필요한 상황에서, 운영팀장은 공개모집을 통해 데이터 전문가를 영입하는 건 어떠냐고 제시한다. 하지만 선수 출신인 전력분석팀장은 선수 출신도 아니면서 참견하지 말라며 의견을 묵살해버린다. 그를 향해 백승수 단장이 차분하게 일격을 날린다. 선수 출신도 아니고 야구도 모를지언정 그들의 생각을 바꿀 수 있는 시도를 해보겠다고 말이다. 이러한 발상의 전환으로 백승수 단장은 일반 대기업 직원 출신임에도 불구하고 핸드볼과 씨름 팀의 단장을 맡아 우승으로 이끌 수 있었다.

    사람마다 살아온 과거와 가지고 있는 무기는 다르다. 모든 것을 잘하는 퍼펙트맨이 될 필요도 없다. 세상은 자신만의 역할과 강점을 가진 이들이 모여서 집단지성의 힘으로 단체와 조직을 이끌어간다. 우리에게 필요한 건 10개의 약점이 있더라도 자신 있는 것 하나만큼은 확실하게 내지를 수 있는 당당한 태도와 높은 자존감이다.

압박면접, 폐부를 찌르는 공격에 대처하는 올바른 자세

Q. "공백기가 기네요. 그동안 무엇을 했나요?"

BAD "회사 업무에 도움이 될 수 있는 다양한 활동을 게을리하지 않았으며 시간을 허투루 쓰지 않았습니다. 영어 공부부터 신문 읽기, 그리고 다양한 아르바이트까지 두루 경험을 쌓으면서 실무에 필요한 감각을 꾸준하게 유지해왔습니다."

GOOD "1년 동안 미대륙 일주를 떠났습니다. 회사생활을 시작하면 자유롭게 떠날 수 있는 기회가 없을 거라고 생각했습니다. 그렇게 1년 내내 끌어모은 알바비를 탈탈 털어 여행을 떠났고, 평생 기억에 남을 추억을 한가득 쌓고 돌아올 수 있었습니다." (30대 한화그룹 최종 합격자)

GOOD "2년간 관세사 준비를 했습니다. 공부를 게을리했던 것은 아니지만 계속해서 근소한 차이로 1차에서 탈락했습니다. 불확실한 것에 계속 몰두할 수만은 없다는 생각으로 과감하게 시험을 접었습니다. 하지만 최선을 다한 만큼 관련 실무에 필요한 지식은 확실히 갖추고 있다고 자부합니다." (20대 후반 롯데그룹 최종 합격자)

공백기와 관련된 질문만 나오면 지원자의 얼굴은 잿빛으로 변한다. 긴 공백기를 자신의 무능함으로 오해받지는 않을지, 발전 없는 하루하루를 살았다고 폄하당하지는 않을지 걱정한다. 다급한 지원자는 빠르게 변명에 나선다. 그렇게 대부분의 지원자는 공백기에 대한 오해를 풀고자 무던히 애를 써보지만 면접관의 표정에는 큰 변화가 없다. 어떤 변명과 핑계를 말해봐도 탐탁지 않아 보이는 면접관의 표정에 지원자의 공백기 트라우마는 더욱 커진다. 과연 지원자의 답변이 문제였을까?

합격자들의 답변을 보자. 공백기 동안 여행을 떠난 게 잘못은 아니다. 당당하게 이야기하지 못할 이유가 없다. 미대륙을 횡단한 합격자는 자신의 삶에 다시 오지 않을 젊은 시절에, 자신이 가장 보고 싶고 즐기고 싶은 것을 위해 과감하게 투자했을 뿐이다. 그러니 그는 불안함도 거리낌도 없이 면접관 앞에서 자신의 이야기를 펼칠 수 있었다.

롯데그룹에 최종 합격한 지원자도 관세사 시험 준비로 인해 생긴 공백기에 대한 불안감이 크다며 필자에게 조언을 구했다. 사법고시, 행정고시, CPA 등의 시험을 준비하다가 취업으로 진로를 바꾼 지원자들이 가장 고심하는 부분이다. 필자는 지원자에게 "전문자격증을 3년간 준비하면서 배운 지식과 이론들이 어디 가는 것도 아니고, 회사 입장에서는 동일한 조건에 전문지식을 갖춘 지원자를 신입사원으로 채용하는 것과 다름없다. 자신감을 가져도 된다."라며 생각의 전환이 중요하다고 일렀다. 시험에 합격하지 못한 것이 지원자 입장에서는 아쉽지만, 회사의 입장에서는 흠이 아니기 때문이다. 그러니 약점이라는 생각을 버리고 더 당당하게 면접에 임하라고 강조했다. 그렇게 비상경 출신, 20대 후반의 나이, 2년 이상의 공백기에도 불구하고 최종 합격할 수 있었다.

Q. "어학 점수가 (또는 학점이) 왜 이렇게 낮나요?"

BAD "철저하게 시험을 준비했고 모의고사에서도 높은 점수를 꾸준히 받아왔지만, 시험 당일에 컨디션 난조로 집중하지 못했습니다. 곧바로 다음 시험을 접수해둔 상태이며 확실하게 점수를 올릴 예정입니다."

GOOD "점수는 상대적으로 낮아 보일 수 있다고 생각합니다. 하지만 교환학생 과정에서 어학 실력을 쌓아왔기 때문에 읽고 듣고 쓰는 데 어려움은 없습니다. 눈에 보이는 점수를 조금 더 올리는 데 시간을 쏟기보다는 인턴 경험과 직무 관련 지식 확장에 더 많은 시간을 쏟고 싶었습니다."

지원자 대부분은 항상 방어하는 답변을 한다. 토익 점수 10점, 20점 때문에 면접에서 떨어질까 봐 불안한 마음에 서둘러 점수가 낮은 이유와 향후 계획을 밝히며 방어에 나선다. 뭐 하나 꼬투리라도 잡히면 탈락으로 이어진다는 생각에 마음 졸이며 변명을 한다.

반면에 합격자는 변명하지 않고 정면으로 돌파한다. 영어 점수는 낮지만, 점수를 조금 더 올리는 것보다 더 의미 있는 곳에 시간을 쏟고 싶었다고 자신 있게 이야기한다. 스펙을 뛰어넘어 합격하는 지원자는 방어에만 급급한 이들과 달리 자신의 약점을 솔직하게 인정하고 강점으로 승부를 본다.

비상경 인문계열, 비전화기 이과계열 지원자들을 벌벌 떨게 만드는 유형의 질문이다. 많은 지원자가 제대로 된 경쟁을 시작하기도 전부터 자신들이 상경, 전화기에 비할 바 안 된다고 확신하고 있다. 그러다 보니 자신이 전공한 학문의 열위를 인정하며 전공 이외의 경험, 어학, 자격증 등으로 어필함으로써 부족함을 메꿔보려 애써 노력한다. 첫 번째 지원자에게서 그런 모습을 볼 수 있다.

두 번째 지원자는 자신이 수학한 공부가 결코 의미 없지 않다는 점을 적극적으로 피력하고 있다. 방어에 급급한 모습은 보이지 않는다. 자신감 넘치는 적극적인 돌파로 면접관들의 시선을 사로잡는다. 5장 '이직 사유, 비주류 전공자 대응 매뉴얼'에서 한 번 더 설명하겠지만 약점이 아닌 것이나 자신이 가진 것을 '강점화'하려는 시도조차 해보지 않고, 곧바로 약점으로 인정하는 태도는 잘못된 접근이다. 문헌정보학과를 전공했다고 영업 직무에 지원하면 안 된다는 법은 없다. 면접관은 아무 생각 없이 질문을 던졌을 뿐, 이를 받아치고 논리를 만드는 건 지원자의 몫이다. 그들이 어떻게 생각하든 자신의 주관을 분명히 드러낼 수 있는 것 자체가 중요하다.

주눅 들지 말고 당당하게 임하자

면접장에 들어선 지원자는 '슈퍼 을'을 자처한다. 누구도 을이 되라고 강요한 적은 없지만 항상 주눅 들어 있다. 채용 권한을 쥐고 있는 이들이라는 생각 때문인지 면접관 앞에 서면 자동으로 위축되고 쪼그라든다. 지원자의 위축된 모습은 면접관에게 고스란히 전달된다. 면접관이 느끼는 이미지와 인상은 호감과 긍정·부정 평가의 방향을 결정하는 핵심적인 요소가 되기 때문에 당당한 모습을 보여줘야 한다. 재차 강조하지만 면접관은 완벽한 지원자를 찾는 게 아니다. 좋은 생각, 바른 태도를 가지고 있는 사람과 일하기를 원한다. 지원자에게 뚜렷한 주관이 보이지 않을 때 면접관은 아쉬움을 느낀다. 질문을 던질 때마다 변명하고 방어하고 맞장구치기 급급한 지원자에게는 어떤 매력도 생동감도 느껴지지 않는다.

나이, 공백기, 어학, 전공, 스펙에 대한 날카로운 질문에 맞서기 위해서는 자기 자신에 대한 철저한 탐구를 토대로 형성된 정체성과 주관이 필요하다. '안 될 거 없어.' '나 같은 사람도 필요해.' '그건 못해도 이건 잘해!' 같은 자신감 있는 태도와 자세를 견지해나가자. 이 같은 관점의 변화는 지원자의 태도, 눈빛, 답변에 자신감이라는 날개를 달아줄 것이다. 지금껏 느껴보지 못했던 면접을 주도한다는 느낌이 무엇인지 알게 될 것이다. 그 작은 차이들이 하나씩 모여 큰 차이를 만들고 스펙을 뛰어넘는 결과로 이어질 것이다. 취업 시장의 모든 레전드들은 그렇게 탄생했다.

태도를 바꾸고 자기 자신을 더욱 단단하게 만들기 위해서는 자신감 있게 내지를 수 있는 생각과 이를 설득할 근거가 필요하다. 취업의 3요소(나, 직무, 회사)를 중심으로 한 철저한 탐구와 학습을 바탕으로 당당하고 자신 있게 면접에 임하자. 스펙은 없고 나이만 많다고 생각하는 당신에게도 좁은 취업문을 뚫는 기적은 충분히 일어날 수 있다.

자기소개:
하나라도 확실하게 보여준다

"저를 어떻게 한 단어로 정의해야 할지 모르겠어요." 자기소개를 준비하는 지원자가 마주하는 인생 최대의 난제다. 앞서 N수생의 면접법에서 잘못된 자기소개 사례를 들었다. 대부분의 N수생은 자신의 인생을 1분에 꽉꽉 눌러 담기 위해 고심한다. 면접관은 '자기소개'를 요청했는데 지원자는 '이력'을 나열한다. 게다가 자신의 엄청난 역량만을 힘주어 강조한다. 어쩐지 자기자랑만 늘어놓는 소개팅 상대가 떠오른다. 다짜고짜 나타나 다양한 경험이 도전이었고, 역경 극복과정에서 다양한 역량을 키웠다고 하는데 뭐 하나 똑 부러지게 가슴에 와닿는 내용이 없다. 눈을 부라리며 큰 목소리로 자기소개를 읊는데도 왠지 모를 답답함이 느껴지는 이유다.

억지스럽게 강조하는 산업 · 직무와의 연관성

BAD "안녕하십니까? 저는 공감 능력을 가졌습니다. 6번의 서비스직 아르바이트를 거치며 고객들의 다양한 니즈에 공감하려 노력했습니다. 올리브영에서 근무할 당시, 화장품을 직접 사용해보고 느낀 것을 바탕으로 고객의 피부 타입에 맞춰 추천해준 결과, 매장 내 매출 1위를 달성했습니다. 또한 목표를 세우면 끝까지 포기하지 않는 끈기를 가지고 있습니다. 평소 러닝 크루에서 달리기를 하며 체력을 길렀고, 지난주에도 10km 마라톤을 완주한 경험이 있습니다. 제 공감 능력과 끈기를 살려, 신뢰감 있는 행원으로 성장하겠습니다. 감사합니다."

BAD "어린 시절 낯선 타지에서 겪게 된 외국생활은 저에게 큰 도전이었습니다. 처음에는 이방인이라는 편견에 막막했지만 이에 굴하지 않고 사람들에게 먼저 적극적으로 다가가고자 노력했습니다. 덕분에 많은 외국인 친구들과 교제하며 격의 없이 소통할 수 있을 정도의 친화력과 외국어 실력, 문화에 대한 포용력까지 키울 수 있었습니다. 대학에 입학한 후에는 중국에 관심이 생겨 두려움이 앞섰음에도 교환학생을 떠났습니다. 광대한 중국 대륙의 문화와 그들의 사고방식을 익혔고, 돌아와서는 HSK 6급도 취득할 수 있었습니다. 외국어 실력, 문화적 포용력을 토대로 OO사의 글로벌 인재가 될 수 있다고 확신합니다."

첫 번째 지원자는 다양한 아르바이트 경험을 거치며 공감 능력을 키울 수 있었고 강한 체력과 끈기를 가졌다며 자신이 좋은 행원의 자질을 갖추었음을 강조한다. 두 번째 지원자는 해외 경험을 주구장창 나열하며 글로벌 인재임을 강조한다. 두 지원자 모두 본인들이 지원하는 산업·직무에서 좋아할 거라고 생각하는 역량 키워드를 제시하고, 표면적으로 비슷해 보이는 모든 경험을 눌러 담았다.

지원자들의 말이 사실이라면 아르바이트를 많이 해본 사람은 무조건 서비스 역량과 공감 능력이 있으며, 해외에 거주해본 사람은 무조건 해외영업의 적임자라는 소리다. 그렇다면 이들보다 조금이라도 더 경험이 많은 지원자가 있다면 그의 역량이 더 뛰어나다는 뜻인가? 자신이 어떤 철학과 가치관을 가지고 있고, 무엇을 추구하는 사람인지, 어떤 색깔과 개성으로 삶을 주체적으로 대하고 있는지 지원자만의 삶의 태도, 철학, 가치관은 찾아볼 수 없다.

"안녕하세요! 맛집과 커피를 좋아하신다고요? 전 전국 팔도 모든 맛집을 섭렵하고자 노력합니다. 맛집을 주제로 하는 SNS를 운영하고 있으며 팔로워를 2만 명 보유했습니다. 어느 지역이든 최고의 맛집으로 안내할 수 있는 역량을 가지고 있죠. 게다가 부족한 커피 역량을 키우기 위해 사향고양이 똥으로 만든 루왁커피부터 커피의 본고장 콜롬비아, 브라질, 베트남에서 생산되는 모든 커피콩의 특징에 대해 공부해왔습니다. 제가 이성친구로 최고 적임자입니다!"

56

지원자들의 자기소개를 듣고 있자면, 자신이 상대방에게 필요한 모든 역량을 준비했다며 억지를 부리는 모태솔로가 떠오른다. 모태솔로의 성급한 어필은 도리어 상대방을 부담스럽게 만들 뿐이다.

잘못된 자기소개에는 이런 문제가 있다

- 도전, 포용력, 끈기, 인내, 공감, 배려 등 지천에서 돌고 도는 진부한 키워드를 자신있게 제시한다.
- 목표 매출 달성, 5개 국어 구사, 학부 수석 졸업 등 멋진 성과와 성취를 단순히 열거한다.
- 자신만의 생각이나 철학, 의견 같은 건 존재하지 않는다. 전적으로 회사, 직무역량, 현직자 조언에 끼워 넣은 억지 자기소개다.
- 그리고 자신이 적임자임을 항상 강조한다.

지원자들의 천편일률적이고 억지스러운 자기소개에 지친 면접관은 종종 지원자에게 다음과 같은 질문을 던진다. "준비된 소개 말고 진짜 자기소개는 없나요?" 이러한 질문을 받았을 때는 다시 한번 고민해봐야 한다. 면접관은 지원자가 어떤 사람인지 궁금해서 자기소개를 시키는 것이다. 자신이 왜 적임자인지, 어떤 이력을 갖고 있는지, 회사와 어떤 연관성이 있는지 궁금한 게 아니다.

자기소개에서 주요 경험을 드러내지 않으면 질문이 이어지지 않을 거라는 부담은 버리자. 스펙과 경험을 나열하지 않으면 부정적인 평가를 받게 될 것이라는 걱정도 버리자. 좋은 느낌을 가진 상대방에게 자연스럽게 호감을 느끼듯, 지원자만의 색깔과 개성이 드러나는 소개라면 면접관의 호기심을 자연스럽게 끌어낼 수 있을 것이다. 이제 접근 방법을 바꿔볼 시간이다.

확실하게 하나만 제대로 보여주자!

많은 것을 한 번에 보여줘야 한다는 부담을 버리자

지원자는 항상 고민한다. '나의 어떤 모습을 보여주지?' '나를 한 단어로 정의하면 뭐지?' 자소서와 면접을 준비하는 내내 생각해봤지만 답을 찾지 못했을 것이다. 이유는 간단하다. 쓸데없이 자신의 세상을 한 단어로 정의하고 눌러 담으려 했기 때문이다. 자소서와 면접을 준비하며 자신의 가치관과 개성, 주관을 다각적으로 살펴봐야 한다.

나는 즉흥적이고 과감하지만 때로는 이성적이고 합리적이다. 때로는 계산적이지만 베풀 때는 베풀어야 된다고 생각한다. 사회에 선의는 필요하지만 맹목적이어선 안 되며, 물질을 주는 것만이 선의는 아니라고 생각한다. 그리고 스티브 잡스처럼 세상을 이롭게 변화시키는 사람도 되고 싶다.

이처럼 자신의 세상을 돌이켜보고 정리해보자. 꼭 한 단어로 자신을 정의할 필요는 없다. 면접장에서는 자신이 가진 어떤 부분, 어떤 모습이든 면접관에게 하나라도 제대로 전달할 수 있다면 그걸로 충분하다. 주어진 시간은 1분이라는 사실을 명심해야 한다. 난삽하게 많은 것을 보여주려는 욕심보다 확실하게 하나만 보여주겠다는 담백함이 더더욱 빛날 수 있다.

다양한 생각과 성향을 있는 그대로 드러내보자

- 저는 나라고 생각되면 나서는 사람입니다.

- 저는 실패를 즐기는 사람입니다.

- 저는 감수성과 합리성을 두루 갖춘 지원자입니다.

- 저는 항상 새로운 시도와 접근을 즐깁니다.

- 저는 뭘 해도 야무지고 똑 부러지게 합니다.

- 저는 수학적 사고를 통한 문제 해결을 추구합니다.

억지로 하나의 키워드로 압축하는 대신, 문장으로 풀어 쓴 하나의 주제를 분명하게 던지는 것 자체만으로 면접에서 자신의 색깔을 선명하게 드러낼 수 있다. 또한 천편일률적인 도전, 끈기, 다양한 경험, 커뮤니케이션 같은 구태의연한 키워드와 자연스럽게 차별화된다. 처음에는 이러한 시도가 잘 되지 않을 것이다. 취업 시장에서 숱하게 들어온 '카더라'로 인해 각인된 키워드가 입 안에서 계속 맴돌기 때문이다. 꾸준한 시도가 필요하다.

　지원자는 이런 접근으로는 자신의 경험이나 역량이 잘 드러나지 않는다며 걱정할 수도 있다. 하지만 결코 그렇지 않다. 먼저 제시한 주제의 맥락에 맞는 경험들을 자신의 세상 안에서 골라 흐름에 맞게 전달하는 것만으로도 경험과 역량을 충분히 드러낼 수 있다. 자신만의 생각, 철학, 태도를 실제 경험과 자연스럽게 연결시켜 훨씬 설득력 있고, 차별화된 자기소개를 완성할 수 있다.

GOOD　"안녕하십니까? '나라고 생각되면 나서는' MR 직무 지원자 〇〇〇입니다. 생각만으로는 해결되지 않는 고민도 직접 부딪히고 행동하는 과정을 거쳐 해결할 수 있습니다. 프랜차이즈 독서실 인턴 당시 신규 가맹점의 관할구청 인허가 실사 대응에 어려움이 있었습니다. 선임에게 넘길 수도 있었지만 직접 나서서 업무 부담을 덜고 싶었습니다. 업무 외 시간을 할애해 해당 지자체에 직접 질의하고, 관련 규정을 학습해가면서 실사에 대비할 수 있었습니다. 또한 마트에서 일할 때는 딸기 판매율이 저조하자 아르바이트생임에도 불구하고 직접 딸기 판매를 전담해 재고를 없애기 위해 노력했던 경험도 있습니다. 〇〇사에서도 네 일, 내 일 따지지 않겠습니다. 나라고 생각되면 나서는 신입사원이 되겠습니다."

　위 지원자는 '나라고 생각되면 나서는 사람'이라는 주제를 내세우며, 적극적으로 나서 문제를 해결해나간다고 자신의 캐릭터를 설명한다. 이어서 누가 시키지 않았지만 먼저 나서서 문제를 파악하고 해결했던

경험을 핵심만 간략히 제시함으로써, 자신만의 강점과 주요 경험을 보다 자연스럽고 설득력 있게 전달하고 있다.

GOOD "저는 농학을 전공하면서 직접 농사를 지어봤습니다. 농사를 하면서 배운 것은 이 세상에 쉽게 얻을 수 있는 열매는 없다는 것입니다. 담배 농사를 하며 담배의 결실을 보기 위해 6개월간 땀 흘리며 물을 주고 비료를 뿌리고 잡초를 제거했고 마침내 결과물을 얻었습니다. 그 순간 쾌감과 함께 깨달은 인생의 교훈입니다. 영업도 마찬가지라고 생각합니다. 하나의 결과를 위해서는 수많은 땀과 노력이 있어야만 원하는 바를 얻을 수 있습니다. 고객에게 씨앗을 뿌리고, 고객에게 우리가 원하는 상품을 판매하기까지 오랜 시간이 걸릴 것이라고 생각합니다. 하지만 그 오랜 시간 진득하게 끈기를 갖고 영업할 수 있는 지원자가 되겠습니다."

지원자가 직접 담배 농사를 지으며 느꼈던 '쉽게 얻을 수 있는 것은 없다'는 교훈을 주제로 잡았다. 먼저 자신이 직접 농사를 짓고 담배를 재배했던 경험을 이야기하고, 자신의 생각을 기반으로 한 태도나 철학을 지원 직무에 어떻게 적용해나갈 것인지 제시하며 자기소개를 마치고 있다. 주제 하나에 집중해 자신의 경험과 역량을 두루 잘 전달했다. 누군가는 내다버렸을 전공 이야기를 소재로 본인만의 색깔과 철학을 잘 드러낸 사례다.

"저는 제가 좋아하는 명언 하나로 저를 소개하고 싶습니다. 'You can't connect the dots looking forward. You can only connect them looking backwards.' 이 말처럼 제 인생의 크고 작은 일들 중 의미 없었던 일이 없었습니다. 어려움 또한 기회가 되었습니다. 단어 시험이 쉽다는 이유로 시작한 스페인어는 제 특기가 되었고, 스타트업 회사에서 인턴을 하며 겪었던 실패와 시행착오들을 통해 더 많은 것들을 배우기도 했습니다. 앞으로 제 앞에 어떤 크고 작은 일들이 다가올지 모르지만, 제 인생의 선을 이을 소중한 점이라 생각하며 매 순간 최선을 다하는 사람이 되고 싶습니다."

마지막으로 필자의 인생철학에 영향을 받았던 한국타이어 최종 합격자의 자기소개 사례다. 스티브 잡스의 말을 인용해 자신의 가치관을 드러내고 관련된 경험 일부를 함께 간결하게 제시했다. 분량의 많고 적음에 관계없이 전달하고 싶은 메시지가 분명하게 전달되는가, 그것이 바로 1분 자기소개의 핵심이다.

직접 해보는 '찐' 자기소개, 단계적으로 살펴보자

1) 자신만의 색깔과 결을 드러낼 수 있는 주제를 자유롭게 제시해본다.

2) 주제에 부합하는 경험들을 짤막하게 이어 붙여 근거로 제시하자. 구구절절 설명할 필요는 없다.

3) 경험에 따른 결과를 함께 제시하고, 간략한 마무리 문장을 붙인다.

4) 지원한 직무와 연결시켜 마무리해볼 수도 있다. 억지로 연결해보려는 욕심보다는 주제와 흐름이 중요하다.

자기소개는 1분의 미학이다. 짧은 시간 동안 많은 것을 드러내려는 욕심보다, 확실하게 자신의 색깔과 생각 하나만 면접관에게 각인시킬 수 있다면 그걸로 성공이다.

모든 지원자의 장점은 책임감,
단점은 완벽 추구

N수생과 합격자의 차이는 심플하다. N수생들은 '적합한 키워드'를 찾는 데 몰두하지만 합격자들은 '나'를 탐구하고 이해한 결과물을 있는 그대로 드러낸다. 도전정신, 책임감, 리더십, 배려, 커뮤니케이션 역량을 어떻게 억지로 드러낼지 고민하지 않는다. 어떤 상황에서 어떻게 행동했는지, 어떤 생각과 가치관을 가지고 살아왔는지, 무엇을 좋아하고 싫어했는지 과거 자신의 삶과 경험 속에서 찾아낸 결과물을 있는 그대로 말로 옮길 뿐이다. 여기에 관련된 경험을 함께 제시해주면 금상첨화다.

100이면 100 천편일률적인 지원자들의 성격

Q. "어떤 성격이세요?"

"무슨 일을 맡든 꼼꼼하게 처리하는 성격입니다. 이미 끝낸 일도 2번 3번 다시 보면서 잘못된 부분이 없는지 확인하는 습관 덕에 실수가 적고, 단체모임에서도 총무나 회계 업무를 도맡아서 하고 있습니다."

"어렵거나 힘든 일이 있어도 매사 긍정적인 생각으로 꿋꿋하게 버티고 이겨냅니다. 교환학생을 떠나 적응이 어려웠을 때도, 공모전 도전과정에서 막막함에 부딪혔을 때도 이런 성격 덕분에 결국 해낼 수 있었습니다."

"항상 상대방의 입장에서 먼저 생각하고 배려하는 성격입니다. 덕분에 주변 친구들의 고민 상담을 도맡고 있으며, 사람들을 잘 챙기다 보니 엄마라는 별명도 갖게 되었습니다. 항상 친구들의 추천을 받아 모임의 리더나 회장을 하는 편입니다."

세 사람이 이야기하는 본인의 성격이 진실성 있게 느껴지는가? 혹은 각자만의 성향이나 색깔이 보이는가? 어디선가 자주 듣던 전형적이고 형식적인 답변이다. 그들의 이야기를 곧이곧대로 듣고 있자면 세상에 이렇게 친절하고 성실하며 전향적인 태도를 가진 사람이 없다고 생각된다. 다들 착한 아이 증후군이라도 있는 것인지, 성격만 물었다 하면 스스로를 화려하게 포장하기 바쁘다.

필자도 소싯적에는 좋아하는 이성 앞에만 서면 조금이라도 잘 보이고 싶은 마음에 애써 포장하려고 안간힘을 썼던 경험이 수두룩하다. 하지만 안타깝게도 모두가 짐작하듯이 그 기억의 끝은 항상 새드엔딩이었다. 주변에서 인기 있는 친구는 매사에 성실하고 친절한 사람보다 어딜 가나 당당하게 자신만의 스타일대로 말하고 행동하는 사람이었다.

항상 좋은 사람으로 보이고 싶은 지원자들의 답변이 십분 이해는 간다. 하지만 애석하게도 최종 합격의 문턱을 넘는 이들은 별생각 없이 있는 그대로 자신을 표현할 줄 아는 이들이다.

"놀 때는 확실하게 놀고 할 때는 확실하게 합니다."
"가끔 대책 없이 밝다는 이야기를 듣기도 합니다."
"뭐든 궁금한 건 직접 눈으로 확인해야 직성이 풀립니다."
"항상 말보다 행동이 앞서는 스타일입니다."

거창한 키워드나 미사여구 없는 날것 그대로의 답변이다. 천연 그대로의 말은 직접적으로 뇌리에 박힌다. 빠르게 와서 깊숙이 꽂힌다. 한참을 고심해서 선택한 키워드를 내세우며 잘 보이려 애쓰는 답변들과는 달리, 간단한 말로도 쉽게 좋은 인상을 남긴다. 이 같은 답변은 자연스럽게 면접관의 관심을 이끌어낸다. 지원자의 성향, 매력, 끼를 쉽게 느낄 수 있고, 면접관과 지원자 사이에 존재했던 심리적 장벽까지 무너뜨린다. 자연스럽게 허심탄회한 질문과 답변이 이어질 가능성이 크다.

GOOD "놀 때는 확실하게 놀고 할 때는 확실하게 합니다. 대학교 1~2학년 때 대학생활의 즐거움에 빠져 신나게 놀았습니다. 즐겨 하던 게임에서 랭킹 상위 1%가 되었으나 학점은 좋지 않았습니다. 하지만 열심히 놀았던 만큼 3~4학년 때는 정신 차리고 학업에 집중했습니다. 정규학기부터 계절학기까지 평균 A학점을 달성했고, 평소에 관심 있었던 ○○○ 자격증을 취득하기도 했습니다. 즐거웠던 시기가 있었기에 더 확실하게 집중할 수 있다고 생각합니다."

GOOD "항상 말보다 행동이 앞서는 스타일입니다. '나중에'라고 생각했던 것들이 결국 흐지부지되거나 기억에서 사라지는 게 싫었습니다. 그래서 '나중에 언제 밥 한번 먹자.'라는 말 대신 정말로 식사 약속을 잡고, 단체생활 중에도 누군가 함께하자고 제안하거나 제가 필요한 일이 생기면 곧바로 문제를 파악하고 제가 할 수 있는 일을 찾아 행동에 옮기기도 합니다."

이처럼 어두에 제시한 자신의 성향을 가장 잘 드러낼 수 있는 과거 상황이나 경험을 뒤이어 함께 제시한다. 간혹 여기서도 회사 혹은 지원 직무와의 적합성을 드러내야 하는 게 아닌가 고민하는 지원자가 있을 수도 있다. 그렇다면 지금까지 회사 인재상과 직무역량의 주요 키워드 중심으로 스스로를 어필했던 결과가 좋았는지 묻고 싶다. 재차 강조하지만 면접관은 '나'라는 사람이 궁금해서 성격을 물었지, 역량을 물은 게 아니다. 그 부담감을 떨치지 못한다면 어떤 변화도 일어나지 않을 것이다.

이 세상에 단점 없는 사람은 단 한 명도 없다

Q. "본인의 단점은 뭐라고 생각하나요?"

BAD "뭐든 한번 맡으면 완벽을 추구하는 성격 때문에 간혹 정해진 기한과 일정을 넘는 경우가 종종 있습니다. 지금은 체계적인 일정관리와 to do list 작성을 통해 기한 내에 일을 완수해나가고 있습니다."

BAD "하나에 집중하면 과도하게 몰두해 동시다발적인 업무수행 능력이 떨어집니다. 중요한 사항은 사전에 체크해 누락 없이 일을 처리하고자 노력함으로써 문제점을 개선해가고 있습니다."

단점을 말할 때도 지원자는 위축되어 있다. 진짜 단점을 이야기하자니 자신을 부정적으로 평가할 것 같고, 괜히 직무역량과 대치되는 약점을 잘못 이야기했다가 광탈하는 건 아닐까 불안감이 엄습한다. 그래서 지원자가 찾은 해결책은 '완벽함과 타의 추종을 불허하는 꼼꼼함으로 인한 일정 초과'다.

소개팅에서 만난 이성에게 성격상 단점을 물었을 때 돌아온 답변이 위와 같았다면 당신은 어떻게 느꼈겠는가? 솔직하게 자신을 보여주지 않는다고 생각할 것이다. 면접관도 지원자에게 동일한 감정을 느끼며 참다 못해 한마디를 던진다. "그런 거 말고, 진짜 본인의 단점이나 약점

같은 건 뭐가 있어요?" 이런 질문을 들어본 이력이 있는 지원자라면 애초에 접근 자체가 잘못되었다는 점을 눈치채야 한다.

"마음이 앞서 서두르다 종종 실수를 할 때가 있습니다."

"잠이 많은 편입니다."

"소심한 성격 탓에 때로는 상대방의 눈치를 살피기도 합니다."

"작은 부분에 집중해서 큰 그림을 놓칠 때가 있습니다."

"주저하다 기회를 놓쳐 아쉬워할 때가 많습니다."

물론 위의 사례들만 놓고 보면 치명적인 단점이라고 생각할 수도 있다. 하지만 장점과 단점은 항상 맞닿아 있다고 생각하면 좋은 논리를 완성하는 것은 어렵지 않다.

단점도 다양하게 생각해볼 필요가 있다. 보통 지원자는 면접에서 면피용으로 쓸 수 있는 하나의 완벽한 단점을 고심하는데, 이러한 접근 자체가 잘못되었다. 단점이 진짜 단점이어서는 안 된다는 생각으로 접근하니 적당하게 이야기할 만한 게 보일 리가 없다. 면접에서 쓸 수 있는지 여부는 차치하자. 자신을 그대로 이해한다는 관점에서 장단점을 포함한 모든 성향과 성격을 도출해보고, 도출된 내용에 소재를 부연해보면서 면접에 쓸 만한 내용인지 판단해도 늦지 않다. 생각지 못한 발견은 예상치 못했던 곳에서 일어난다.

누구에게나 단점은 있다. 그중 일부를 상대방과 공유하는 것뿐이다. 면접관이 단점을 묻는 이유는 직무수행에 있어 심각한 결격 사유가 있는지 판단하기 위한 목적이 아니다. 솔직하게 자신이 어떤 사람인지 드러낼 수 있는지, 자신의 부족함이 무엇인지 알고 있는지 지원자의 입으로 듣기 위해서다. 이를 솔직하게 드러내는 지원자일수록 좋은 감정은 충분히 생겨난다.

성격의 장단점을 준비하는 새로운 접근

1) 과거 자신의 삶과 경험을 있는 그대로 탐색한다(171쪽 인생기술서 참고).

2) 과거와 현재에서 알 수 있는 다양한 성격과 성향을 있는 그대로 표현한다.

3) 각 소재별로 내용을 부연해보고, 관련된 상황과 경험을 제시한다.

생각을 바꾸면 간단하다. 하나의 완벽한 답변이라는 것 자체는 존재하지 않는다. 가장 나답고 현실적인 장단점들을 찾고, 있는 그대로 자신을 드러내는 반복적인 과정과 연습이 필요하다. 지원자에게 필요한 것은 단점을 포장할 완벽한 변명이 아니다. 자유자재로 나를 표현할 수 있는 기본기 자체다.

취미와 특기는
대체 왜 물어보나요?

"옴스 님, 도대체 면접에서 취미나 특기는 왜 물어보는 건가요? 뭘 이야기해야 될지 모르겠어요." 취미와 특기가 무엇인지 묻는 간단한 질문에도 지원자는 항상 심각하게 고민한다. 그러면 필자는 반문한다. "지원자님의 취미나 특기를 있는 그대로 말하면 되잖아요. 취미나 특기 없으세요?" 필자의 대답을 들은 대부분의 N수생들은 본인이 원하는 답변이 아니었는지 도통 이해하지 못하겠다는 표정을 짓는다. 그리고 또다시 빈틈없는 완벽한 답변 제작에 몰두한다.

성격의 장단점과 취미, 특기의 접근은 동일하다

Q. "취미나 특기가 무엇인가요?"

BAD "평소 경제신문을 보고 스크랩하면서 글로벌 이슈와 트렌드를 빠르게 습득하고자 노력하고 있으며, DBR과 경영전문잡지를 보며 최근 경영 전략을 익히고 있습니다."

BAD "건강한 신체에 건강한 정신이 깃든다는 생각으로 쉴 때는 운동을 통해 땀을 빼면서 스트레스를 풀고 있습니다. 자전거를 타고 집 주변 양재천을 돌거나 필라테스를 하기도 합니다."

BAD "엑셀을 활용한 분석력이 특기입니다. 이전 회사에서 인턴으로 근무할 때 엑셀의 함수를 활용해 기존 프로세스를 효과적으로 개선하고 좋은 성과를 냈던 경험이 있습니다."

사소한 취미나 특기, 스트레스 해소 관련 질문도 허투루 답변해서는 안 된다는 생각이 지원자들의 머릿속을 지배한다. 개인적인 취미까지도 업무나 직무의 연장선으로 연결되는 요소여야만 한다는 강박이 답변에서 고스란히 드러난다. 면접관은 지원자의 평소 라이프스타일에 대한 호기심으로 가볍게 질문을 던졌지만 신문 읽기, 책 읽기, 꾸준한 운동으로 돌아오는 판에 박힌 답변에 식상함과 따분함을 느낀다.

"게임을 즐깁니다. 5명이 한 팀이 되어 5 대 5로 이뤄지는 롤이라는 게임을 친구들과 함께 즐기고, 매년 열리는 프로리그를 관전하는 것도 좋아합니다. 전 세계 e스포츠 게임 관람객만 1천만 명이 넘을 정도로 유명한 게임입니다." (D대, S대 교직원 중복 합격자)

"친한 친구들과 모여 맛있는 안주에 적당한 음주를 하면서 수다를 떨다 보면 금세 스트레스가 풀립니다. 힘들었던 일, 짜증 났던 일을 입 밖으로 꺼내 공유하다 보면 감정도 금세 누그러지고, 웃고 떠들다 보면 안 좋은 기억도 잊게 되는 것 같습니다." (D대, S대 교직원 중복 합격자)

"어렸을 적부터 종이접기를 좋아했습니다. 시작하게 된 계기는 잘 기억이 나지 않지만 당시 1만 원이 넘는 종이접기 책들을 여러 권 사서 한 달에 수백 장씩 접었던 게 습관이 되었습니다. 거북이, 장미, 별, 모빌 다양하게 가능합니다." (경력 이직 최종 합격자)

꾸밈없는 대화는 면접 분위기에 큰 영향을 미친다. 면접관의 질문은 목적 자체가 회사 적합성, 직무 연관성 파악이 아니었기 때문에 예상치 못했던 지원자의 답변이나 면모에 재미와 호기심을 느낀다. 솔직한 답변은 심각한 면접 분위기를 누그러뜨리며 면접관과 지원자 사이에 자연스러운 대화를 이끌어내는 마중물이 된다. 위의 사례 외에도 삼성디스플레이에 합격한 지원자는 자신의 특기를 안마라고 했고, 한국경영자총협회에 합격한 지원자는 자신의 취미와 특기를 춤이라고 말해 면접관들이 웃음을 터뜨리기도 했다.

개그가 필요하다는 의미도 아니고, 가볍게 농담 따먹기를 하라는 의미도 아니다. 성격의 장단점, 취미나 특기처럼 나라는 사람에 대한 궁금증을 해소하고자 던져지는 질문에 있는 그대로 자신의 이야기를 할 수 있는 것 자체가 듣는 이들에게는 색다르게 다가올 수 있다는 점이 요지다.

생생하게 구체적으로 설명하는 연습이 필요하다

Q. "쉴 때는 보통 무엇을 하나요?"

BAD "여행 다니는 것을 즐깁니다. 가보지 못했던 곳에 가서 한국에서 경험할 수 없었던 새로움이 주는 감동과 즐거움을 느끼는 것이 좋습니다. 그래서 기회가 생기면 가보지 못했던 곳 위주로 여행 계획을 세우는 편입니다."

GOOD "혼자 가는 당일치기 여행을 좋아합니다. 도심에서 벗어나 아무 생각 없이 조용한 곳을 걷는 것 자체만으로도 힐링이 됩니다. 개인적으로는 겨울에 방문했던 소양강 청평사가 가장 좋았고, 중간에 먹었던 막걸리와 막국수가 기억에 남습니다."

밀레니얼 세대치고 여행과 힐링을 싫어하는 이들이 얼마나 될까? 자

신의 입장에서 여행은 취미기에 있는 그대로 이야기했다고 생각할 수 있다. 그렇지만 모두의 여행이 똑같지는 않다. 누군가는 산 깊숙이 떠나는 캠핑을, 누군가는 동남아 휴양지에서 유유자적하는 것을, 누군가는 해외 오지로 떠나는 극기체험 여행을 좋아할 수도 있다. 자신만의 여행지, 여행 노하우와 관련된 내용을 구체적으로 드러내는 것만으로도 지원자의 이야기가 더욱 생생하게 느껴진다.

그렇게 첫 번째 지원자는 우리가 통상 생각하는 피상적인 여행만을 언급하고 있는 반면, 두 번째 지원자는 짧은 시간이지만 혼자 즐기는 힐링과 여행 속에서 느끼는 즐거움과 행복을 구체적으로 표현해 생동감을 키우고 있다. 얼마나 구체적이고 선명하게 설명하느냐는 듣는 입장에서 매우 중요한 문제다.

> **GOOD** "백화점에 가서 아이쇼핑을 즐깁니다. 제 소비 여력으로 살 수는 없지만 어서 취업해야겠다는 의지를 충전하고 옵니다. 그리고 사람들이 잘 모르지만, 백화점 푸드코트에는 일반 유통채널에서 볼 수 없는 색다르고 수준 높은 음식들이 많아 쇼핑이 아닌 목적으로 놀기에도 좋습니다."
>
> **GOOD** "독서를 즐깁니다. 특히 재테크 분야의 책을 위주로 봅니다. 부모님과 선배님들을 보면서 돈을 얼마큼 계획적으로 쓰는가에 따라 같은 돈을 벌어도 모이는 규모가 달라지는 게 인상 깊었습니다. 부동산, 펀드, 직장인 재테크 등 경제 관련 도서를 두루두루 읽고 있습니다."

단순하게 "쉴 때 쇼핑을 즐기고, 힐링한다." 내지는 "꾸준한 독서를 통해 마음의 양식을 키운다."라는 틀에 박힌 답변보다 있는 그대로 자신의 삶과 스타일을 풀어내는 연습을 해보자. 친구에게 이야기하듯 사실적이고 구체적인 표현을 사용해도 좋다. 자신의 취미와 특기를 있는 그대로 이야기했다는 자체만으로 듣는 이들에게 메시지가 온전히 전달되지는 않는다. 면접관과의 대화는 처음 만나는 사람과의 대화라는 사실을 염두에 두어야 한다. 너무 길지 않은 분량 내에서 처음 듣는 면접관이 알아들을 수 있을 정도의 설명이면 충분하다.

Q. "최근 본 영화 중 기억에 남는 게 있다면 무엇인가요?"

BAD "제가 인상깊게 본 영화는 <나비 효과>입니다. 주인공은 과거로 돌아가 순간의 선택, 사소한 행동의 변화로 미래를 바꿔나갑니다. 저도 이런 사소한 행동들이 어떤 변화를 만들 수 있다고 생각합니다."

GOOD "<미션임파서블 폴아웃>이 기억에 남습니다. 50살이 넘어서 에너지 넘치게 뛰고 구르고 연기하는 톰 크루즈의 모습이 인상적이었습니다. 연기자가 아니라 본인 그 자체로 느껴졌습니다."

"최근에 감명 깊게 본 책은 무엇인가요?" "추천해주고 싶은 영화가 있다면 무엇인가요?" "꼭 추천해주고 싶은 명소가 있다면 어디인가요?" 자

신만의 취미, 특기에 대한 답변 뒤에 면접관들이 충분히 물어볼 수 있는 꼬리 질문이다. 자신의 취미와 특기를 타인에게 추천해준다는 생각으로 준비한다면 자신의 색깔이 드러나면서도 똑 부러지는 답변으로 좋은 인상을 남길 수 있을 것이다. 포인트는 자신이 느낀 즐거움을 피상적으로 포장하고 꾸미는 데 집중하면 첫 번째 지원자의 사례처럼 된다는 점이다. 두 번째 지원자의 답변처럼 내가 느낀 즐거움을 상대방도 느낄 수 있도록 구체적인 상황이나 사실, 근거를 활용하는 훈련을 지금부터 해보자.

세상 친절하게
경험과 이력 설명하기

면접에서 경력, 이력, 경험에 대한 질문은 항상 지원자를 괴롭힌다. 어디서부터 얼마큼 어떻게 설명해야 될지 감이 오지 않는다. 어쨌든 지원자는 면접관 앞에서 자신의 주요 경험을 드러낼 수 있는 기회라는 생각이 앞선다. 추가 질문이 안 들어올 수도 있기 때문에 기회가 왔을 때 양껏 밀어 넣자는 생각으로 욕심을 낸다. 급급한 마음에 자신의 행동에 대한 핵심 정보보다는 주관적인 감정과 과정 중심으로 주요 경험을 구구절절 나열한다. 이러한 답변을 듣는 면접관은 과연 지원자를 긍정적으로 평가할 수 있을까?

경력이나 수상, 자격증, 전공 관련 답변 가이드

Q. "이 공모전 경험은 무엇인가요?"

BAD "경영학회에서 화장품 시장에 대해 분석했던 적이 있습니다. 그런데 마침 당시 ○○화장품에서 공모전을 실시하는 것을 알게 되었고, 함께 프로젝트를 진행했던 4명의 회원들과 의견이 일치해 참여하게 되었습니다. 저희는 IT기술을 접목한 화장품 매거진 플랫폼 구축 아이디어를 제안했고 시장성과 트렌드, 아이디어의 참신성에서 높은 점수를 받아 대상을 수상했습니다."

GOOD "○○화장품 주최 마케팅 공모전에 참여해서 AI 안면인식 기술을 접목한 피부 타입 체크와 맞춤형 화장품 추천, 그리고 매거진 제공을 통해 주기적 피부관리가 가능한 토탈 피부 케어 모바일 플랫폼 아이디어를 제시했습니다. 점원의 참견 없이 손쉽고 편하게 자신의 피부 문제를 파악하고, 플랫폼을 통한 고객의 로열티 및 락인효과 제고에 좋은 평가를 받아 대상을 수상했습니다."

자랑할 기회가 왔으니 마음이 급해지는 건 이해가 가지만, 면접관은 지원자가 프로젝트에 참여하게 된 계기와 심사위원들에게서 칭찬받은 내용이 궁금한 게 아니다. 지원자가 어떤 아이디어를 어떤 이유로 어떻게 제안했는지 그 구체적인 내용이 더 궁금하다. 지원자 입장에서는 공모전에 참여한 것 자체가 감격스럽고 대단하게 느껴져 이것저것 말하고 싶겠지만, 질문자 입장에서 궁금했던 내용과는 거리가 멀다. 이것저 것 말하고 싶은 욕심을 덜고, 듣는 사람이 필요한 최소 정보만 구체적으로 제시하면 면접관 스스로 지원자를 평가하고, 궁금한 사항은 추가적으로 질문을 던진다.

Q. "안전공학은 어떤 학문인가요?"

BAD "공장과 제조환경에 반드시 없어서는 안 되는 지식입니다. 공장에서는 수많은 사건, 사고들로 인해 생산활동에 문제가 발생합니다. 생산활동이 문제없이 원활하게 이뤄질 수 있도록 생산환경과 작업자들을 체계적으로 관리하는 데 필요한 지식들을 배우는 학문입니다."

GOOD "생산환경에는 다양한 위험을 사전에 파악하고, 대응할 수 있는 지식을 배웁니다. 생산환경, 법규, 작업자 등 사고발생 요인들을 파악하는 방법부터 FTA, Cheklist, What if, HAZOP 기법 등 위험성을 정량적으로 평가함으로써 선제적이고 능동적으로 안전에 대처할 수 있는 지식들을 배웁니다."

전공과 관련된 질문이 나왔을 때 대부분은 '이걸 왜 물어보지?'라는 생각을 많이 한다. 지원자들에게 그저 경제는 경제고 경영은 경영이며 기계는 기계일 뿐이기 때문이다. 지원자에게는 산소처럼 느껴지는 당연한 것이라 그런지, 대부분은 피상적이고 두루뭉술하게 답변한다. 하

지만 면접관의 입장에서는 지원자의 짧고 굵은 답변 속에서도 전공에 대한 지원자의 이해도와 생각의 깊이를 파악할 수 있다. 구체적으로 전공 개념과 주요 경험을 설명하고 답변할 수 있는 것도 실력이다.

Q. "ㅇㅇ인터내셔널에서는 무슨 일을 했나요?"

BAD "계약직으로 들어가서 4명의 팀원들과 함께 정직원처럼 일했던 곳입니다. 가장 먼저 회사의 홍보 브로슈어를 영문으로 번역하는 일을 맡았었고, 저희 회사 요금 인상이 있을 때 언론의 기사들을 모니터링하고 민원을 대응하는 역할도 맡았습니다. 이 외에 국내외에서 실시하는 다양한 행사나 박람회 행사 부스 제작과 지원 업무를 맡았으며 회사 홍보영상 제작에도 참여하기도 했습니다."

GOOD "홍보팀 계약직으로 다양한 형태의 회사 홍보자료 작성 및 제작 업무, 당사 관련 언론 기사 모니터링과 민원 대응을 맡았습니다. 이 외에도 당사가 참여하는 국내외 박람회 행사 기획 업무도 지원했습니다. 그중에서도 벡스코 신기술산업전 부스 제작 업무와 새로운 방식의 CEO 인터뷰 기획을 통해 사내 커뮤니티 활성화에 기여했던 업무가 가장 기억에 남습니다."

얼마큼 일목요연하게 정리해서 답변하는지에 따라 듣는 이의 이해도는 크게 차이가 난다. 당시의 감정에 기반해 욕심껏 생각나는 대로 말을 이어가는 지원자와, 주요 업무를 중심으로 간결하게 핵심을 전달하고 약간의 디테일을 더해 화룡점정을 완성하는 지원자 간의 차이는 보

다시피 극명하다. 경험을 묻는 질문에 얼마나 구체적으로 내용을 정리
해 전달할 수 있느냐가 가장 중요하다. 자신의 경험을 치열하게 고민하
고 정리해둘 필요가 있다.

Q. "안전컨설팅 회사에서 인턴으로 어떤 업무를 했나요?"

GOOD   "○○사의 생산기지 공사과정에서 안전 심사 인허가에 필요한 각종 서
류 작성 및 대응을 맡았습니다. 안전보건공단 심사 체크리스트에 있는
200개가량의 서류, 도면, 사업 정보, 유해화학물질 목록까지 당사에서 받
은 자료와 체크리스트를 대조하며 필요한 서류들을 완벽하게 구비해야
했습니다. 심사 체크리스트를 당사 기준에 맞게 수정하고 정보기입 및 자
료요청을 진행함으로써 업무 효율을 높였습니다. 그렇게 총 400페이지
에 달하는 서류 작성을 문제없이 완료할 수 있었습니다."

위 지원자는 공장이 있는 지방에서 수개월간 숙식하고 고생했던 일
인 만큼 하고 싶은 말이 많았다. 그러나 면접관의 질문에 맞게 수행했던
업무들을 중심으로 핵심만 답변했다. 면접관은 지원자가 얼마나 힘들
고 고생스러웠는지, 그런 부정적 감정을 어떻게 극복했는지 궁금한 게
아니다. 이력사항에 너무 짧게 표시되거나 자소서상에 장황하게 서술
된 내용을 명료하게 파악하는 것이 목적이다. 따라서 주요 내용을 압축
적으로 간결하게 제시해주는 게 핵심이다.

학교에서 수행한 프로젝트, 연구활동, 작성한 논문 관련 질문에 대한 답변도 동일하게 접근하면 된다. 무의식적으로 역량을 어필하려 하거나 당시의 느낌과 감정을 중심으로 답변을 이어갈 경우 면접관은 지원자가 무엇을 했다는 것인지 판단하기 어렵다.

첫 번째 지원자 답변 사례에서 지원자가 무엇을 어떻게 연구하고, 어떤 지식을 배웠는지 알 수 없다. 면접관은 어쩔 수 없이 "어떤 실험과정을 거친 거예요?"라는 형태로 똑같은 질문을 다시 하게 된다. 반면 아래 답변 사례는 답변 내용을 듣고 궁금한 세부적인 요소에 대한 질문이 이 어질 것이다. 똑같은 시간 동안 면접을 봐도 면접관과 나눌 수 있는 대 화의 깊이가 달라지며, 무엇을 물어도 핵심 위주로 알아듣기 쉽게 이야 기하는 지원자에 대한 신뢰도와 긍정평가는 계속 올라갈 수밖에 없다.

- 나열식 답변 대신 수행했던 주요 업무를 핵심 역할과 기능 중심으로 일 목요연하게 제시한다.
- 공모전이나 프로젝트는 주제가 무엇인지, 어떤 기획과 아이디어로 구성 되었는지 핵심만 전달한다.
- 주요 업무나 성과를 이야기할 때는 수행 프로젝트의 배경과 내용, 수행 과정, 성과 위주로 간결하게 이야기한다.
- 자소서와 이력사항에 적요한 주요 공모전, 프로젝트, 논문, 경험에 대한 내용은 위와 같은 형태로 답변할 수 있도록 철저하게 준비한다.

경험과 관련한 답변은 위의 네 가지 포인트를 명심하며 준비한다. 답 변에 대해 궁금한 내용은 면접관이 알아서 추가로 질문할 것이다. 역량 과 노력을 모두 드러내고 싶다는 욕심을 내려놓고, 피상적인 감정과 느 낌에 기반한 설명 대신 구체성을 더해 답변을 듣는 면접관이 어떤 경험 인지 확실히 이해할 수 있도록 만들어주자.

3장

산업 · 직무에 접근하는 올바른 자세

지원동기는
<동백꽃 필 무렵> 황용식처럼

동백이 내 인생 뭐가 이래요. 학교 때는 반에 고아도 나 하나, 커서는 동

네 미혼모도 나 하나. 나도 좀 쨍하게 살고 싶은데 세상이 그렇게

나한테 야박해. 나만 자꾸 망신을 줘.

용식이 동백 씨, 약한 척하지 말아요. 고아에 미혼모인 동백 씨, 모르는

놈들이 보면은 동백 씨 박복하다고 쉽게 떠들고 다닐지 몰라도요.

까놓고 얘기해서 동백 씨 억세게 운 좋은 거 아니어유?

동백이 운이 참도 좋네요.

용식이 고아에, 미혼모가 필구를 혼자서 저렇게 잘 키우고, 자영업 사장

님까지 됐어요. 남 탓 안 하고유. 치사하게 안 살구, 그 와중에 남
보다 더 착하고 더 착실하게 그렇게 살아내는 거. 고거 다들 우러
러보고 박수쳐줘야 될 거 아니냐구요.

동백이   (독백) 태어나서 처음으로 칭찬을 받았다….

용식이   남들 같았으면요. 진작에 나자빠졌어요. 그런데 누가 너를 욕해
요. 동백 씨, 이 동네에서요 젤로 쎄고요. 젤로 강하고, 젤로 훌륭
하고, 젤로 장해요.

"동백 씨는유. 잘 컸어유. 누가 뭐래도 예쁘고 대단한 사람이지. 불쌍
한 사람이 아니어유." 고아로 자라 미혼모라는 꼬리표까지 더해져 주변
사람들에게서 갖은 편견과 오해, 동정을 받고 자란 동백이지만 용식이
에게는 그 의미가 남다르다. 용식이는 투박하고 직설적이지만, 동백이

의 외모만 보고 접근하거나 미혼모라는 타이틀을 보고 동정 어린 눈빛을 보내는 이들과는 다르게 다가간다. 칼 같은 철벽에도 여느 남자들과 다른 진심이 담긴 따뜻한 칭찬을 전해주는 용식이의 진심에, 평생 한 아이의 엄마로만 살겠다던 동백이의 마음도 녹아내린다.

〈동백꽃 필 무렵〉의 주인공 황용식이 면접을 본다면 단박에 면접관들의 마음을 사로잡을 것이다. 용식이에게는 두 가지 무기가 있다. 첫째, 진심이다. 좋아하는 척 흉내 내는 것도 아니고 잠깐의 치근덕거림도 아니다. 진심 그 자체다. 둘째, 칭찬도 남다르다. 주관적 해석이 듬뿍 담긴 칭찬에 동백이는 '태어나서 처음 듣는 칭찬'이라며 난생처음 감동을 느낀다.

진짜 진심은 정확한 이해에서 시작된다

지원자들의 지원동기를 들어보면 잘 준비한 것처럼 들리지만 왠지 작위적인 느낌이 든다. 회사 관련 주요 뉴스나 정보를 중심으로 강점을 강조하긴 했으나, 누구나 알 수 있을 법한 정보를 나열하고 자신의 가치관과 맞닿아 있다는 억지스러운 연결에 불과하다. 이 회사가 좋은 회사이기 때문에 입사하고 싶다는 맹목적인 칭찬일 뿐, 지원한 산업과 회사에 대한 주관적 해석이나 관심을 갖게 된 구체적인 이유는 찾아볼 수 없다.

그동안 무작정 적극적이기만 한 구애에 상대방이 진심을 알아줬던
적이 있는가? 인기 있는 상대방에게 "제가 듣기로는 공부도 잘하시고,
운동도 수준급이라고 들었습니다."라는 칭찬을 한다면, 감동받았다는
반응을 보일까? 같은 맥락에서 지원자라면 누구나 취업하고 싶은 회사
에 찾아가 "귀사와 제 가치관이 맞닿아 있고, 귀사는 최고라고 생각해
이 자리에 왔습니다."라고 말한다고 생각해보자. 그 어필을 곧이곧대로
듣고 감동받아 최종 합격을 외쳐줄 가벼운 회사는 어느 곳에도 존재하
지 않는다.

대부분 지원자들의 면접 준비는 기본적으로 어필해야 된다는 생각에

서 출발한다. 그리고 그 어필을 가치관의 일치 내지는 회사를 잘 안다는 것으로 보여주려고 한다. 그렇게 기계적으로 회사의 인재상, 경영철학, 비전, 제품, 특허, 기술력을 찾아서 정리하고 어떻게든 연결고리를 만든다. 조금만 들여다 보면 그 속에 해당 회사에서 '일하고 싶은 이유'에 대한 고민은 담겨 있지 않다는 사실을 쉽게 알 수 있다. 취업 시장에서 떠도는 각종 소문과 자칭·타칭 취업 전문가들의 이야기를 맹목적으로 받아들인 결과다. 많은 지원자들이 무엇이 빠진지도 모른 채 막연한 생각만으로 회사와 관련된 뉴스와 정보를 수집하고 암기한다. 시간 낭비다.

> **GOOD** "솔직히 처음부터 잘 알거나 관심을 갖고 있었던 건 아닙니다. 그렇지만 회사를 공부하면서 타이어는 자동차의 핵심인 안정성과 스피드, 제동력을 결정한다는 점을 알게 되었고 그 점이 무척 인상 깊었습니다. 특히 앞으로 자율주행과 모빌리티, 수소·전기차를 중심으로 시장이 변화하면서 타이어의 역할이 더욱 부각될 거라고 생각했습니다."

실제 합격자가 면접 질문에 답변한 사례다. 서두에서 애초에 타이어의 역할을 고민해본 적이 없음을 솔직하게 드러냈다. 하지만 이어지는 답변에서 관심을 가지게 된 이유로 타이어를 공부하는 과정에서 파악한 타이어의 역할과 중요성을 이야기하고 있다. 앞으로 자동차 산업의 트렌드 변화와 함께, 타이어의 기능과 역할 또한 변화할 것이기 때문에 미래가 기대된다는 구체적인 이유까지 드러내고 있다. 관심을 가진 기간과 무관하게 산업에 대한 이해를 있는 그대로 드러냄으로써 면접관들에게 좋은 평가를 받고 합격했다.

> **GOOD** "LPG는 미세먼지의 주범으로 꼽히는 경유에 비해 93배 이상 환경오염 물질 배출이 적고, 출력과 연비 면에서도 경유에 뒤지지 않는 뛰어난 대체 에너지입니다. 과거 수급 문제로 수입이 제한되었던 규제가 풀리고 LPG 적용 차량 범위가 확대되며, 앞으로 파격적 성장을 이어갈 것입니다. E1이 미래 에너지 사업의 핵심으로 부상할 수 있도록 함께 기여하고 싶습니다."

위의 사례는 LPG 연료가 갖고 있는 장점, 과거 수입 규제로 인해 정체했던 수급 해소를 중심으로 지원동기를 풀어내고 있다. 앞에서 살펴본 사례처럼 관심을 가진 시기나 많이 알고 있는 것보다 중요한 것은 '제대로 알고 있는가' '어떻게 이해하고 있는가'다. 제대로 아는 만큼 지원하는 회사에 대한 관심을 드러낼 수 있고, 그 관심의 정도는 곧 지원동기가 될 수 있다.

그동안 항상 지원하는 회사와의 연결고리만 찾았다면, 산업을 이해하는 것이 지원동기가 될 수 있다는 점을 쉽사리 이해하지 못할 수도 있다. 그럴 때는 용식이를 떠올리자. 상대방에게 진심을 보여주기 위해서는 먼저 상대방을 알고 이해할 수 있어야 한다. 그래야 표현 하나, 문장하나에도 진심이 담길 수 있다. 지원자들이 집중해야 될 것은 무엇을 얼마나 알아야 하는지가 아니라 '알면 알수록 매력적'이라는 주관적 해석이다. 그리고 주관적인 해석의 전제는 당연히 상대방, 지원 회사에 대한 깊은 이해에서 비롯된다. "생각하면 할수록 너무 하고 싶은 일인 것 같다."라는 답변이 지원동기의 올바른 지향점이다.

GOOD "미래에는 종이가 사라지고, 모든 정보 전달 수단이 디스플레이로 대체될 것이라고 생각합니다. IT화, 전기전자화는 필연적으로 디스플레이의 필요를 수반하기 때문입니다. 당장은 스마트폰과 가정용 TV 중심으로 성장해온 시장이 B2B로 전환하는 과도기에 있어 어려움이 있습니다. 그러나 현재 진행 중인 과감한 LCD 사업 철수와 OLED에 투자 역량을 집중한다면 현재 지속적으로 다양화되고 있는 IoT, 차량용 디스플레이 등 신규 시장 수요 선점을 통해 성장을 이어갈 것이라고 생각합니다."

현재 중국의 저가공세와 공급초과로 인해 LCD 판가가 급락하며 LG 디스플레이 같은 디스플레이 업체들이 크게 타격을 받고 있다. 처절한 LCD 사업 구조조정과 미래 시장 선점을 위한 천문학적인 OLED 투자라는 상반된 두 과제에 직면한 디스플레이 회사들은 힘든 시기를 지나고 있다. 회사의 우수한 실적 전망과 무궁무진한 미래 성장만 찾았던 지원자라면 디스플레이 회사 지원동기를 준비하기가 매우 어려웠을 것이다. 하지만 위 사례처럼 접근한다면 비우호적인 시장환경, 악화된 재무실적과 관계없이 해당 회사에 관심을 가지게 된 이유를 충분히 드러낼 수 있다.

면접관은 지원자의 이해 수준을 알고 싶어 한다

Q. "우리 회사를 뭐 하는 회사로 알고 지원했나요?"

BAD "삼성전자에서 지목한 4대 미래 성장 사업은 인공지능, 5G, 바이오제약, 전자부품입니다. 그중에서도 성장성이 무궁무진한 바이오제약이 눈에 띄었습니다. 다양한 바이오제약 기업들이 있지만, 빠르게 변화하는 바이오의약품 시장에서 삼성만의 브랜드 파워와 기술력을 바탕으로, 더 큰 기업 가치를 위해 도약하는 삼성바이오로직스의 일원이 되어 함께 기업을 성장시키고 싶습니다."

면접관이 저런 질문을 던지는 것은 그 이유를 모르기 때문이 아니다. 지원자들은 당연한 질문을 왜 하는지 모르겠다며 오히려 필자에게 질문하지만, 실제 답변을 뜯어보면 지원 산업과 회사를 제대로 이해하고 있는지 의심스러운 수준의 답변이 이어진다. 결국 위 답변의 요지는 미래 핵심 사업을 하고 있고, 좋은 회사로 알고 있다는 정도다. 그 외에 삼성바이오로직스의 사업모델에 대한 이해, 해석, 견해, 어떤 미래 성장성을 보고 있는지에 대해서는 그 무엇도 보이지 않는다. 빈 수레가 요란하다는 속담이 떠오른다. 이런 답변을 듣는 면접관의 입장에서는 '이 지원자 우리가 뭐 하는 곳인지도 모르고 왔네.'라고 생각할 수밖에 없다.

GOOD "바이오의약품 시장의 확대와 안정성 확보에 있어 삼성바이오로직스의 역할이 가장 중요하다고 생각합니다. 바이오의약품은 구조가 복잡한 단백질의 변이체의 결합으로 이루어져 있고, 단백질은 구조적으로 불안정해 제조과정에서의 미세한 조건 변화나 차이만으로도 의약품의 효능이 바뀔 수 있기 때문입니다. 반도체 클린룸 시스템을 적용한 초미세 공정설계 기술력과 세포주 개발부터 완제 생산까지 원스톱 솔루션을 제공하는 CDMO 사업 확대를 통해, 바이오의약품 개발 기업의 제품개발, 생산, 공급속도를 더욱 높이는 데 있어서도 큰 기여를 하는 회사라고 생각합니다."

삼성바이오로직스 3공장이 영국표준협회(BSI)로부터 획득한 ISO22301 인증부터 26만L 규모의 신공장 추가 투자 계획 발표를 통한 압도적인 시장 우위 확보까지, 눈에 띄는 뉴스와 정보는 차고 넘친다. 그러나 평가하는 입장에서는 최신 뉴스를 얼마나 많이 알고 있는지가 아니라 회사의 사업을 얼마나 어떻게 잘 이해하고 있는지가 더 중요하다. 누구나 알 수 있는 정보 자체에서는 드러나지 않는, 지원자가 회사를 어떻게 생각하고 바라보고 있는지 판단할 수 있는 부분이기 때문이다.

따라서 지원동기를 준비할 때 뉴스부터 수집하는 습관을 버려야 한다. 산업과 사업에 대한 이해를 바로잡는 것부터 시작해야 한다. 바이오의약품과 화학의약품의 차이, 바이오의약품·바이오시밀러·바이오베터의 차이, 의약품개발과 위탁생산(CMO)의 차이 등을 분명하게 이해하지 못한 상태라면, 힘차고 씩씩한 어조로 미래가 기대된다며 자신 있게 큰소리친다고 한들 바닥은 금세 드러날 수밖에 없다.

기본도 없는 상태에서 쌓아 올린 회사의 주요 생산설비와 실적에 대한 정보가 면접관에게 와닿지 않는 이유다. 하지만 바이오시밀러가 갖는 영향을 알고 있었다면 삼성바이오로직스의 생산설비 확충 기사가 다르게 보였을 것이다. 단순히 '세계 최대 생산 능력 보유'에서 그치기보다는 "생산량 확대는 다양한 의약품 출시를 가능케 해 환자들의 접근성을 높이고, 규모의 경제 효과를 통해 생산원가 절감에 기여해 경제성까지 높일 수 있다는 점에서 중요한 포인트라고 생각합니다."와 같이 회사 관련 주요 뉴스에 지원자의 해석을 더하기도 훨씬 수월하다.

바이오시밀러의 영향

의약품 접근성 향상 · 선택의 폭 확대 · 의약품 시장 경쟁 강화 · 합리적인 가격

자료: 삼성바이오에피스 홈페이지

실제 접근 사례를 살펴보자

　앞서 다룬 사례들은 지원동기를 풀어내기에 앞서 가장 먼저 해야 할 것이 '산업 학습과 이해'인 이유를 보여준다. 무작정 지원동기용 정보 탐색에 나서기 전에 지원 회사가 속한 산업군의 본질적인 역할이나 중요성이 무엇인지 파악해보자. 아래 사례는 지금까지 많은 지원자들이 구체성 없이 뭉뚱그려 피상적인 관심을 드러냈던 산업군을 세분화한 내용이다. 눈에 띄는 뉴스에 쏟았던 관심을 세부 사업 간의 차이와 특징

세분화한 산업군	
보통 지원자들이 금융권으로 통칭했던 산업군	• 증권사와 은행 • 운용사와 증권사 • 제1금융권과 제2금융권 • 저축은행과 상호금융
IT·전자산업 내지는 반도체산업으로 통칭했던 산업군	• 메모리반도체와 비메모리반도체 • 비메모리반도체와 파운더리 • 가전제품과 스마트폰
바이오제약으로 혼동해 사용했던 산업군	• 화학의약품과 바이오의약품 • 바이오의약품과 바이오시밀러 • 바이오의약품 개발과 CMO
유통산업으로 통칭했던 산업군	• 백화점 • 편의점 • 대형마트 • 할인점 • 카테고리킬러 • 온라인쇼핑(e커머스, 오픈마켓) • 가전양판점

을 명확하게 파악하는 데 집중하자.

더 이상 누구나 접근 가능한 정보나 사실에 집중해서는 안 된다. 산업에 대한 이해를 중심으로 자신이 느낀 매력을 드러내는 연습이 필요하다. 이렇게 접근한다면 철강, 타이어, 해운, 물류, 유통, 바이오 등 어떤 산업에 대한 지원동기도 주체적으로 고민하고 풀어낼 수 있다. 탐구와 이해 정도의 차이가 지원자들 간 지원동기의 진정성을 가르는 척도가 된다.

산업과 사업에 대한 분명한 이해를 갖추고 있다면 아래와 같은 질문에도 쉽게 대응할 수 있다. 질문에 맞는 답변을 준비하는 게 아니라 준비된 이해를 질문에 맞게 답변할 수 있게 된다. 중요한 건 답변의 방식이 아니다. 조금씩 달라 보이는 질문에 대한 각각의 답변이 모두 같은 접근에서 귀인한다는 사실이 핵심이다.

Q. "우리 회사는 어떤 회사인가요?"

GOOD "저금리가 고착화될수록 투자자들이 적합한 투자처를 찾는 것은 갈수록 어려워지고 있습니다. ○○투자증권은 IB금융의 선두주자로, 전통적인 예적금 거래에서 벗어나 해외펀드에서 파생상품까지 폭넓은 투자대안을 제공해 투자자와 개인고객 적극적 부의 증가를 가능케 하는 유일한 회사입니다."

Q. "우리 회사에 지원한 이유가 무엇인가요?"

GOOD "4차 산업혁명의 핵심 기술인 AI의 시작점은 빅데이터입니다. 천문학적 수준의 데이터를 효과적으로 저장하고, 프로세싱하기 위해서는 초정밀 메모리 반도체가 필수입니다. ○○전자 메모리 분야 해외영업에서 클라우드, 데이터 센터 사업자들을 중심으로 폭발적으로 증가할 그 기회를 잡고 싶습니다."

···

Q. "우리 회사에 대해서 어떻게 생각하나요?"

GOOD "바이오의약품 시대의 전방위적 확대를 만드는 데 있어 가장 중요한 역할을 하는 회사라고 생각합니다. 철저한 공정, 제조과정 통제를 바탕으로 세계 각국의 품질 기준을 맞출 수 있는 생산력을 갖춘 삼성바이오로직스가 없다면 좋은 바이오의약품이 개발되어도 무용지물이기 때문입니다."

···

Q. "더 전망 좋은 산업을 두고 여기 지원하게 된 이유가 무엇인가요?"
(예: 삼성전자를 두고 왜 삼성전기에 지원했나요?)

GOOD "반도체도 4차 산업혁명 시대의 핵심이지만, MLCC 없이는 반도체 경쟁력 확보도 불가능할 수 있습니다. 반도체가 소형화되고 집적도가 높아질수록 더욱 미세하고 정교한 회로 설계와 안정적 전류공급의 역할이 더욱 부각될 것이기 때문입니다. MLCC 분야에서 대한민국 최고인 삼성전기에 지원한 이유입니다."

공기업 지원동기가
너무 쉬운 이유

공기업, 공공기관 지원자들은 불특정한 다수의 회사를 목표로 취업을 준비하는 경우가 대부분이다. 그래서 특정 회사에 대한 선호도가 조금 더 있을 수는 있으나 '이 회사에 지원한 이유'나 '이 회사가 아니면 안 되는 이유'와 같은 질문이 난감하게 느껴질 수밖에 없다. 그러나 희소식이 있다. 대부분의 공기업, 공공기관은 지원동기를 잘 묻지 않는 편이지만 혹시 물어본다고 해도 사기업에 비해 지원동기 답변을 준비하기가 매우 수월하다.

신용보증기금 vs. 한국무역보험공사

두 기관 모두 중소기업의 버팀목으로서 없어서는 안 될 기관들이다. 그러나 설립 목적과 기능을 이해하지 못한 상태에서 "없어서는 안 된다." "꼭 필요한 곳이다."라는 말로 어물쩍 넘어가려는 답변은 "휴대폰 없이는 못 살아서 삼성에 지원했다."와 별반 다를 게 없다.

Q. "우리 회사의 역할이 뭐라고 생각하나요?"

GOOD "중소기업은 담보 부족과 정보의 비대칭성 등으로 제도금융권에서 기업 활동에 필요한 자금을 조달받기가 어렵습니다. 때문에 다양한 보증프로그램의 운영을 통해 채권자의 부담은 낮추고, 중소기업에는 저리의 자금을 안정적으로 공급할 수 있는 역할이 중요합니다. 경제의 주축인 중소기업 발전의 토대를 다지는 데 신용보증기금의 역할이 가장 중요하다고 생각합니다."

GOOD "수출입 의존도가 높은 대한민국 경제는 필연적으로 국가 간의 대외거래를 수반합니다. 다만 해외거래는 거래처 신용도 불확실성, 채권회수 위험, 환변동 위험 등 다양한 리스크를 수반하고 있어, 대한민국 경제 주축인 중소기업의 수출입 확대에 큰 장애가 됩니다. 갈수록 글로벌 경제환경이 급변하고 악화될수록, 중소기업의 수출입 안정성을 제고하고 해외 거래를 촉진함에 있어 한국무역보험공사의 역할이 매우 중요하다고 생각합니다."

하지만 각 기관의 역할을 중심으로 접근해보면 차이점이 좀 더 명백하게 보인다. 신용보증기금은 안정적 자금조달에 필요한 신용보증 기능을, 한국무역보험공사는 해외거래에 수반되는 잠재적 리스크 대응에 필요한 제반 업무를 담당함으로써 각기 다른 방식으로 중소기업들을 지원한다. 즉 해당 기관의 역할이 더 필요하다는 관점에서 지원하게 된 이유를 접근하면, 유사한 듯 보이는 기관들 간에도 분명하게 다른 지원동기를 풀어낼 수 있다.

협회에 지원할 때도 접근 방법은 동일하다. 한국경영자총회 최종합격자가 준비했던 협회 지원동기 답변을 보자.

> **GOOD** "경영환경이 급변함에 따라 개별 기업이 아닌 산업 전체적인 관점에서의 대응과 변화가 더욱 중요해지고 있습니다. 개별 기업들이 일일이 대처할 수 없는 정책과 규제 변화에 능동적으로 대처하고, 원활한 기업활동이 가능한 환경과 토대를 조성하는 데 있어서 한국경영자총회의 전방에서의 역할이 핵심입니다."

한국경영자총회의 역할과 중요성에 대한 깊은 이해와 관심이 동시에 드러난다. 여기서 한 단계 더 나아가고 싶은 지원자가 있다면 구체적인 사례를 덧대어주면 된다. 기업을 옥죄고 있는 노동 3법과 부진한 경제성장, 고용기회의 저하로 인해 갈수록 강화되고 있는 노동 경직성, 화학물질 등록 및 평가에 관한 법률과 화학물질관리법 도입으로 한층 강화된 안전관리 규정 이슈, 그리고 이러한 환경으로 인한 경영활동 위축 이슈 등을 중심으로 한국경영자총회의 중요성을 더욱 강조해볼 수도 있다.

각 기관은 고유의 설립 목적과 기능을 갖고 있는 만큼 그 핵심적인 목적과 기능의 필요성을 중심으로 접근하면 해당 기관에 지원한 이유를 어렵지 않게 풀어낼 수 있다. 예를 들어 한국토지주택공사는 도시개발과 주택공급, 국토의 효율적 이용이 설립 목적이며, 한국주택금융공사

한국토지주택공사와 한국주택금융공사의 설립 목적

한국토지
주택공사
설립 목적
> (법률 제9706호 한국토지주택공사법)
한국토지주택공사를 설립해 토지의 취득·개발·비축·공급, 도시의 개발·정비, 주택의 건설·공급·관리 업무를 수행하게 함으로써 국민주거생활의 향상 및 국토의 효율적인 이용을 도모해 국민경제의 발전에 이바지함을 목적으로 한다.

자료: 한국토지주택공사 홈페이지

한국주택
금융공사
설립 목적
> 주택금융 등의 장기적·안정적 공급을 촉진해 국민의 복지증진과 국민경제의 발전에 이바지함을 목적으로 2004년 3월 1일 출범한 공기업으로서 보금자리론과 적격대출 공급, 주택보증, 유동화증권 발행 등의 업무를 수행함으로써 서민의 주택금융 파트너로서의 역할을 다하고자 한다.

자료: 한국주택금융공사 홈페이지

는 주택금융의 공급을 통한 국민 주거복지 증진이 목적이다. 이처럼 비슷한 듯 보이는 기관들도 확연히 다른 기능과 역할을 담당하고 있으므로, 각 역할이 중요하게 부각되는 이유를 중심으로 계기를 풀어낸다면 어렵지 않게 관심을 가지게 된 이유를 설명해볼 수 있다.

환경 변화에 따라 필요성이 커지는 사업을 관심 업무로 제시해보자

Q. "기회가 된다면 어떤 업무를 맡아보고 싶나요?"

GOOD "주택연금 제도와 관련된 업무에 관심이 있습니다. 국민연금의 소득대체율과 기금 고갈 예상 시점이 점점 앞당겨지고 있으나, 뚜렷한 노후대비책이 없어 국민들의 안정적인 노후생활이 위협받고 있는 상황입니다. 주택연금 제도는 가입자 사망 전까지 집을 담보로 연금을 지급해 안정적 노후생활을 가능케 한다는 점에서, 집 한 채만 있고 노후대비가 미비한 노령 인구의 좋은 노후대비책이 될 수 있다고 생각해서 해당 사업에 관심이 갔습니다."

공기업, 공공기관 내지는 유사 성격을 가지고 있는 곳에 지원할 경우 자주 등장하는 질문 중 하나다. 대부분의 기관은 순환근무를 전제로 하기 때문에 '지금 이야기하면 그쪽으로 보내주려나?'라는 생각으로 떡

밥을 덥석 물 필요는 없다. 오히려 기관의 주요 사업을 제대로 이해하고 있음을 보여줄 수 있는 기회로 생각하면 좋은 인상을 남길 수 있다.

같은 사실 + 다른 칭찬
= 지원동기의 차별화

산업과 사업에 느낀 매력을 중심으로 지원동기를 제시하면 좋은 인상을 남길 수 있다. 그럼 같은 산업 내 수많은 기업들 중 특별히 이 회사에 지원한 이유는 어떻게 준비해야 할까? 동일한 사업 영역에서 기업 간의 뚜렷한 차이점을 발견하기는 쉽지 않다. 결과부터 이야기하자면 지원 회사만의 강점, 장점, 특징을 중심으로 주관적 해석을 입히는 정도면 충분하다. 어떠한 특징이 있어서 지원했다는 억지 논리가 아니라, '어떠한 특징을 보았을 때 이런 이유로 인상 깊었다'는 주관적 해석을 보여주는 게 포인트다.

지원동기 심화과정: 생각의 차이가 결과의 차이를 만든다

지원자들이 답변한 특정 회사를 지원한 이유에는 공통점이 있다. 좋은 사실을 잘 수집해 제시한다는 점이다. 지원자들의 노림수는 열심히 칭찬해주어 면접관에게 어필하는 것이다. 그렇지만 이는 예시에서 보다시피 누구나 찾고 정리할 수 있는 단순한 사실과 뉴스를 칭찬의 말투로 툭툭 던지는 것에 지나지 않는다.

디스플레이 산업에는 차세대 디스플레이로 손꼽히는 압도적 OLED 기술력을 보유한 LG디스플레이가 존재한다. 그럼에도 첫 번째 지원자는 소형 디스플레이의 중요성에 대한 주관적 견해를 드러내며 삼성디스플레이에서 일하고 싶은 이유를 자연스럽게 드러냈다. 두 번째 지원자는 택배 경쟁력에 대한 주관적 관심을 드러내며 CJ대한통운이 향후 리테일 시장 판도 변화를 선도하는 데 중요한 역할을 할 회사라는 점을 강조했다.

회사에서 1등, 최고, 최초, 압도적 경쟁력에 해당하는 요소만을 발굴해야 된다는 관점 자체가 문제다. 모든 면에서 뛰어난 회사는 존재하지 않는다. 큰 회사는 큰 회사대로 작은 회사는 작은 회사대로 특징과 장점이 있다. 충분히 주관적 해석을 더해 지원자만의 관심을 드러낼 수 있다. 발굴이 아닌 '해석'을 더하려는 노력과 시도가 중요하다.

반드시 이 회사가 아니면 안 되는 이유는 존재하지 않는다. 한 회사에서 떨어졌다고 취업을 포기하겠다는 말을 믿을 면접관은 없다. 하지만 이 회사가 인상 깊은 이유는 곧 '이 회사에서 일하고 싶은 이유'가 될 수 있다. 같은 산업 내에서도 이런 장점이 있는 회사라면 충분히 새로운 기회나 가능성을 엿볼 수 있다는 논리적 접근이다. 지원자가 지원한 회사와 관련된 구체적 사례에 주관적 해석을 함께 제시할 수 있다면 설득력과 진정성, 두 마리 토끼를 모두 잡을 수 있다. 따라서 다음과 같은 사고의 전환이 필요하다.

- 반드시 이 회사여야만 하는 이유는 존재하지 않는다.
- 회사에 대한 충성심이 아니라, 주관적 생각과 해석 제시가 포인트다.
- 회사와의 연관성 내지는 접점 없이도 누구나 지원동기를 말할 수 있다.

접근법은 간단하다. 첫째, 눈에 띄는 포인트를 잡아본다. 사업 영역이 될 수도, 사업 전략이 될 수도, 재무실적이나 일하는 방식이 될 수도 있다. 이왕이면 지엽적인 요소보다 지속성 혹은 방향성, 일관성을 보이는 요소나 특징이면 더 좋다. 그 기업만의 고유한 특징이란 의미이기 때문이다. 둘째, 해당 요소에 대한 본인의 견해나 해석을 제시한다. 중요하다고 생각하는 이유, 꼭 필요하다고 생각하는 이유, 주요한 경쟁력이 될 수밖에 없는 이유 등 다양하게 제시해볼 수 있다.

GOOD "11번가는 선택과 집중을 아는 회사입니다. 과도한 가격 경쟁으로 치닫고 있는 리테일 시장에서 공격적인 전투만이 답은 아니라고 생각합니다. 무분별한 경쟁으로 쿠팡의 누적 적자는 3조 원을 넘어서고 있고, 새벽배송의 대표주자로 불리는 마켓컬리도 여전히 흑자는 묘연합니다. 11번가는 외형 축소가 예상됨에도 과감하게 직매입을 접고, 충성도 높은 고객들을 중심으로 한 혜택 강화를 통해 흑자 전환에 성공했습니다. 무엇이 고객을 위한 일인지 아는 회사라는 생각이 들었습니다."

GOOD "금융업에 있어 '신뢰'는 생명입니다. 삼성증권에서 배당사고가 터졌을 당시 회사는 하루도 채 지나지 않아, 대표이사님의 사과 발표와 고객들에게 발생한 손실을 모두 배상했습니다. 사후처리는 사후에 확실히 이행한다는 신속하고 과감한 대처로 고객들에게 삼성 브랜드의 깊은 신뢰와 믿음을 보여줬습니다. 최근 들어 대형 금융기관에서 빈번하게 금융사고가 발생하지만 책임소재를 따지느라 시간을 보내고 있습니다. 이러한 타 기관과는 극명한 차이를 보여줍니다. 시대가 변해도 신뢰와 브랜드의 가치는 변하지 않는다고 생각합니다."

e커머스 내 순위로 보자면 11번가는 한참 뒤처져 있다. 2018년 6,744억 원 수준이었던 매출액은 2019년에 11.8% 감소한 5,459억 원을 기록했다. 하지만 어떤 지원자들에게는 11번가가 다르게 보일 수도

있다. 첫 번째 지원자는 대세와 거꾸로 가는 전략을 포인트로 잡았고, e커머스 산업 내에서 이런 변화가 중요하다고 생각하는 이유와 근거를 함께 제시함으로써 11번가에 대한 관심을 드러냈다. 두 번째 지원자도 삼성증권에서 출시한 상품이나 최근 실적을 떠나 신뢰라는 가치에 집중했다. 삼성증권이 보여준 확실하고 신속한 신뢰 관련 사례를 중심으로 관심을 가지게 된 이유를 드러내고 있다.

같은 산업군에 있는 기업들이라고 해서 모두 같은 사업을 영위하는 것은 아니다. 주된 사업 전략이 다르고, 전략 제품이 다르며, 재무실적도 다르고, 잘하는 분야도 모두 다르다. 지원 기업이 잘하고 있는 것 자체가 아니라, 타 기업과 다른 부분에 집중하고 그 부분이 왜 중요하다고 생각하는지 자신만의 견해를 드러내는 게 포인트다. 산업과 사업에 대한 지속적인 학습이 뒷받침된다면 사소한 포인트를 주면서도 확실한 주관을 드러낼 수 있다.

똑같은 칭찬도 다르게 해보자

지원자들은 지원동기를 이야기할 때 상생과 사회공헌에 과도하게 초점을 맞추는 경우가 빈번하다. 문제는 기업의 아낌없는 기부와 기여에 매료되었다는 식의 답변은 회사의 전략적이고 선도적인 경영활동을 전혀 이해하고 있지 못한다는 느낌을 준다는 점이다.

Q. "우리 회사는 어떤 회사라고 생각하나요?"

BAD "휴켐스는 환경을 생각하는 착한 회사입니다. 2004년부터 자발적으로 온실가스 감축에 동참했으며 2018년 한 해에만 총 160만 톤의 이산화질소 감축을 인증받았을 정도로 환경을 생각하고 친환경을 실천하는 기업이기 때문에 지원했습니다."

GOOD "휴켐스는 미래 변화에 대한 혜안을 가진 기업입니다. 휴켐스는 환경규제가 강하지 않았던 2004년도부터 선제적인 환경설비 투자를 단행해 2018년 한 해에만 총 160만 톤의 이산화질소 감축을 이뤄냈습니다. 갈수록 강해지는 환경규제에서 자유로울 뿐만 아니라 탄소배출권 판매로 인한 실적이 영업이익의 30%를 달성할 정도로 든든한 실적 버팀목까지 되고 있습니다."

반면에 같은 칭찬도 어떻게 하는지에 따라 지원자의 판단이 다르게 보일 수 있다. 착한 기업, 좋은 기업이라는 표현이 틀렸다는 것이 아니다. 기업이 정말 잘하고 있는 이유를 명확하게 이해하고 칭찬할 때 면접관에게 지원자의 생각을 더 깊이 있고 설득력 있게 전달할 수 있다. CSR(Corporate Social Responsibility, 기업의 사회적 책임), 사회공헌, 상생, 환경규제 대응 등 이슈 하나하나를 보더라도 전향적 관점에서 고민해보고 답변한다면 면접관이 다른 눈빛으로 바라보는 것을 느낄 수 있을 것이다.

직무 관심동기는
이해와 해석을 제시하라

기업들의 수시채용 확대 소식에 지원자들이 더욱 긴장하고 있다. 수시채용은 해당 직무에 필요한 인원을 시기에 맞게 채용하므로, 직무 관련 활동이나 직무에 관한 깊은 이해도를 갖추고 있는 지원자의 합격 가능성이 커질 수밖에 없다. 이처럼 지원자들의 직무이해도와 전문성이 합격의 중요한 열쇠로 더욱 부각되고 있는 상황이지만, 사실 지원자 대부분의 직무이해도는 1997년에 한 젊은 사업가가 내린 마케팅에 대한 주관적 정의만도 못한 수준에서 제자리걸음을 하고 있다.

철저한 학습 기반의 관심 표출이 핵심이다

Q. "해당 직군(직무)에 관심을 갖게 된 이유가 무엇인가요?"

`BAD` "e커머스 〇〇사에서 AMD로 6개월간 근무하며 유통 산업의 생리와 업무방식을 배울 수 있었고, 이에 자연스럽게 MD에 대한 관심을 키울 수 있었습니다."

`BAD` "총 3군데의 편의점에서 1년 가까운 시간 동안 아르바이트를 한 적이 있습니다. 이 외에도 카페, 제과점, 서빙 등 다양한 아르바이트를 통해 자연스럽게 유통 산업(또는 편의점)에 관심을 갖게 되었습니다."

`BAD` "어린 시절부터 오랜 해외생활을 하며 각기 다른 문화권의 친구들과 어울리며 문화적 포용력을 키울 수 있었고, 자연스럽게 해외 관련 비즈니스를 하고 싶다는 생각이 들었습니다."

지원자들의 직무 지원동기를 보면 이해 가지 않는 부분이 있다. 관련 경험을 쌓았다는 것은 알겠는데, 그 경험을 통해 구체적으로 어떤 관심을 키웠는지 그 생각이 생략되어 있다는 점이다. 이건 마치 "다양한 전자제품을 사용하며 자연스럽게 삼성전자에 대한 관심을 키웠습니다." 혹은 "롯데월드를 10년간 방문하며 놀이공원에 대한 친숙도가 생겨 관심을 키울 수 있었습니다."라는 말과 별반 다르지가 않다. 듣는 이의 입장에서는 구체적인 관심 이유가 무엇인지 납득이 가지 않는다.

> **GOOD**   "앞으로 영업 직무의 역할이 더욱 부각될 거라고 생각해 지원했습니다. HMR 전쟁이라고 해도 과언이 아닌 시대입니다. 기존 식품 회사뿐만 아니라 각종 유통업체들부터 식자재 유통사까지 각축전이 벌어지고 있습니다. 앞으로 더 적극적으로 신규 판매채널을 개척하고, 기존 유통채널 내에서도 경쟁제품 대비 우위를 점할 수 있도록 철저하게 관리한다면 개별 업체들의 경쟁력 제고와 직결될 것입니다."

"저 직무 관련 경험이 있어요!"라는 억지 대신 직무 역할에 대한 생각을 자연스럽게 지원동기로 제시하고 있다. 이 같은 직무 역할에 대한 구체적인 이해를 먼저 드러내고 관련 경험을 관심의 근거로 제시한다면 금상첨화다. 핵심은 관련된 경험 없이도 직무 지원동기 또는 직무에 관심을 가지게 된 이유를 충분히 드러낼 수 있다는 것이다. 다짜고짜 경험을 던지고 관심을 알아달라는 식의 답변은 면접관에게 어떤 감흥도 줄 수 없다. 깊은 고민과 구체적 논리 없이 면접을 준비해온 지원자라면 다음과 같은 질문이 닥쳤을 때 말문이 막혔을 것이다.

- MD로 일한 경험이 있는데, MD가 아니라 매장관리에 지원한 이유는 무엇인가요? (이마트)
- 연구개발도 개발기획, 인허가 등 직무가 세분화되어 있는데, 어떤 직무에 관심이 있나요? (셀트리온)

- 교육관리직이 어떤 업무인지 알고 있나요? (대교)

- 자소서를 읽어보면 재무관리에 관심이 없어 보이는데, 왜 하고 싶나요?

  (현대자동차)

보통 지원자들은 억지스럽게 경험만 던지거나 "인사가 만사입니다." "고객 최접점 최전방 공격수 영업!" "숨은 니즈를 발굴하는 마케팅!" "연구개발 없이 제약사가 어떻게 존재합니까?"라는 얄팍한 이해도를 당당하게 드러낸다. 자신의 답변에 존재하는 부족함조차 눈치채지 못하는 경우가 대부분이다.

Q. "해당 직무에 지원한 이유가 무엇인가요?"

GOOD "체계적인 품질관리 기준을 토대로 높은 수준의 품질을 일관되게 달성하는 것이야말로 가장 확실한 영업이라고 생각합니다. 품질관리 직무에서 철저한 규정 및 절차 준수, DMAIC 활용을 통한 불량률 감소를 달성하고 고객사의 신뢰를 얻겠습니다."

GOOD "기획이란 사람들의 결핍, 사회적 문제, 시스템적인 결함 등 다양한 문제를 찾고, 문제해결에 필요한 최적의 대안을 도출하고 실행에 옮기는 일입니다. 좋은 기획은 더 나은 세상을 만들고 발전시키는 원동력이라고 생각합니다."

반면에 직무를 철저하게 학습하고 이해한 지원자는 직무 지원동기 외에 까다로운 질문들에도 손쉽게 대처한다. 엔지니어나 개발, 서비스 직군이라고 크게 다르지 않다. 어떤 분야에서든 직무에 대한 분명한 이해를 갖추고 있다는 것은 상대방에게 깊은 인상을 줄 수 있다. 더 나아가서는 직무에 대한 자신만의 철학을 드러낼 수 있는 수단이 된다.

경험을 활용해 관심을 직접적으로 도출해낼 수 있다면 베스트다

GOOD "학부 시절 UI, 디자인 분야에 대한 자신감이 있었습니다. 하지만 맛집 정보 서비스를 제공하는 ○○○에서 디자이너로 근무하며 충격을 받았습니다. 세련되고 잘 정돈된 UI나 디자인이라면 유저들의 사용성이 올라갈 것이라고 생각했지만 그렇지 않았습니다. 오히려 UX 디자인 프로세스를 통해 디자인된 결과물에 곧바로 유저들의 반응이 달라졌습니다. 디자인적 관점만으로는 정확하게 문제를 찾아 정의하고, 변화를 이끌어낼 수 있는 인사이트 도출에 한계가 있음을 느꼈습니다. 사람들 내면 깊숙이 숨겨진 공감을 자극해 생각과 행동의 변화를 이끌어낼 수 있는 디자이너가 되겠다는 결심을 하고, UX를 공부해야겠다고 마음먹게 되었습니다." (SK그룹 계열사 최종 합격자)

GOOD "○○사 실험실과 연구소에서 관리의 필요성을 느꼈습니다. 관리되지 않는 화학물질과 부주의한 작업환경들로 인해 잦은 안전사고가 발생했고, 이는 작업을 지연시키는 요인들이 되었습니다. 안전에 대한 지식과 의식

경험을 토대로 관심을 드러내고자 한다면 위의 사례처럼 분명한 상
황과 이유가 존재해야 한다. 면접관은 구체적인 답변을 통해 지원자가
어떤 관심을 갖게 되었는지 분명하게 이해할 수 있다. 두 번째 합격자처
럼 경험을 통해서 직무에 대한 관심까지 연결할 수 있다면 금상첨화다.

"너무 복잡하고 혼잡한 세상입니다. 그 안에서 자사의 제품을 고객에게 전달
하기 위해서는 확실한 정체성과 철학, 스토리가 필요하다고 생각합니다. 단
순히 제품을 파는 것 그 이상의 가치를 고객에게 전달할 수 있는 것이 마케
팅이라고 생각합니다."

스티브 잡스, 1997년

스티브 잡스는 본질을 꿰뚫는 천재적인 능력을 가지고 있다. 누구나
알고만 있고 표현하지 않는 현상과 본질을 자신만의 언어로 재정의하
고 자신감 넘치는 톤으로 표현했다. 잡스가 1997년에 제시한 마케팅
의 정의는 20년도 더 지난 현재까지 큰 울림을 준다. "마케팅이 무엇이

냐?"라고 물으면 "소비자 니즈를 만족시키는 활동"이라는 답변만 되뇌는 2020년의 지원자들에게 경종을 울린다.

누차 강조했듯이 마음만 앞서 유사 경험이 있으니 알아달라고 떼를 쓰는 방식은 곤란하다. 직무에 대한 바른 관점과 깊은 이해도를 면접관에게 전달하기 위해서는 아래와 같은 연습이 필요하다.

1) 직무에 대한 철저한 학습을 바탕으로 이해도를 높여야 한다.
2) 관련 경험을 던지는 게 아니라 경험 속에서 느낀 점을 구체적이고 분명하게 드러낼 수 있어야 한다.
3) 연습과정에서는 관련 경험 없이 직무의 역할과 중요성에 대한 이해를 드러내는 훈련을 하는 것이 좋다.
4) 관련된 경험은 그 이후에 제시해도 좋다.

마음만 앞서 기본 초식을 건너 뛰면 응용 기술을 아무리 연마해도 제대로 된 자세가 나오지 않는다. 애초부터 기본기를 탄탄하게 다진다면 변화무쌍하게 닥치는 면접관들의 질문에도 여유롭게 응수할 수 있을 것이다.

누구에게나 직무역량은 있다, 나의 장점이 곧 직무역량이다

연구개발 직무는 종일 실험만 할까? 그렇지 않다. 한정된 연구개발 재원을 어떤 분야에 어떻게 투입하냐에 따라 회사의 미래가 달라진다. 투입한 자원이 최대한의 성과로 이어지도록 회사의 경쟁력을 끌어올릴 수 있는 전략적 고민이 필요하다. 회사 발전에 필요한 기술개발 로드맵을 기획하는 과정에서 시장의 주요 기술들을 조사, 발굴, 검토하는 데 필요한 배경지식이 중요한 직무역량이 되는 이유다.

코딩 수업만 들으면 IT개발 직무에 필요한 모든 역량을 갖췄다고 할 수 있을까? 파이썬, 자바를 열심히 배웠다면 누구나 자질을 갖췄다고 할 수 있을까? 기본적인 개발언어에 대한 이해 외에 사업 부서, 현업 부서의 고민을 정확하게 이해할 줄도 알아야 한다. 또한 회사에 필요한 개발과 개선을 이뤄내는 데 필요한 개발이 무엇인지를 정확하게 파악할 수 있는 사업적, 기획적 관점에서의 넓은 시각이 필요할 수도 있다.

영업 직무는 종일 발에 땀나게 뛰어다니고 고객에게 매달려 있을까? 그렇다면 항상 사무실 밖에서 돌아다니면 뛰어난 영업인인가? 그렇지 않다. 변화하는 글로벌 시장의 무역관계, 각 국가별 산업성장과 투자 계획, 경쟁사의 변화에 따라 기회를 포착할 수 있는 배경지식이나 날카로운 분석력이 뛰어난 영업인에게 필요한 자질일 수 있다.

하지만 대다수 지원자의 '직무역량' 답변에서는 직무에 대한 치열한 고민의 흔적이 보이지 않는다. 회사 홈페이지에서 따온 키워드를 비판적 사고 없이 역량으로 제시하고 유사 경험과 성과를 늘어놓는다. 안타깝게도 지원자들이 이렇게 무비판적으로 수집하고 답변하는 키워드들은 그들을 무성의하고 깊이 없어 보이게 만든다. 대부분의 키워드들은 굳이 찾아보지 않아도 뻔히 예상할 수 있을 만한 도전정신, 커뮤니케이션, 분석력, 책임감, 협업 등의 차별성 없는 내용이기 때문이다. 심지어 이런 키워드는 영업, 마케팅, 인사, 생산, 설계, 연구개발 할 것 없이 모든 직군에서 필요한 기본 소양이다. 그렇게 지원자들은 너무도 뻔하고, 의미 없는 키워드를 당당하게 던지고, 자신이 적임자임을 어필하기 시작한다. 흡사 면접장을 '키워오기, 갖고 있기 챌린지'로 여기는 게 아닌가 착각하게 만든다.

지원자들의 키워오기 챌린지

Q. "지원 직무에 대한 강점을 이야기해주세요."

BAD　"다양한 과제와 프로젝트를 수행하며 문제해결 능력을 키웠습니다. 또한 팀 프로젝트를 수행하면서 여러 사람과 협업하는 경험을 통해 소통하는 능력을 길렀습니다. AR, VR을 접목한 실감형 서비스 개발을 토대로 ○○ 사를 최고로 만들겠습니다." (IT개발 지원자)

BAD　"저는 맡은 일에 책임감을 가지고 끝까지 해내는 역량을 가지고 있습니다. 신약 및 바이오시밀러를 연구·개발해 그 효과를 입증하기까지는 최소 5년 이상의 시간이 필요합니다. 이 과정에서 처음 시작할 때의 열정보다는 꾸준하게 지속해나갈 수 있는 책임감이 더 막중할 것입니다. 대학원에서 막중한 책임감을 바탕으로 실험에 임했기에 수많은 실험과정에서 발생한 오류와 문제점을 끊임없이 찾고 개선함으로써 원하는 결과값을 낼 수 있었습니다." (연구개발 지원자)

BAD　"전공인 정치외교학과 경영학의 특성상, 많은 조모임을 수행했고 훌륭한 리더십을 기를 수 있었습니다. 조모임을 하며 흥미가 없는 학우들을 함께 이끌어 공동의 성과를 이뤄내는 것이 가장 힘들었습니다. 흥미가 없기에 참석률도 저조할뿐더러 수행해온 과제의 양과 질도 그렇게 좋지 않았습니다. 전 그 친구들을 무한정 믿어주기로 했습니다. 좋은 누나로서 좋은 선배로서 이끌어주고자 노력했고, 나중에는 그 친구들이 인간적으로 절실망시키고 싶지 않아 더욱 열심히 하는 모습을 볼 수 있었습니다. 이런 과정을 통해 실제 학교 인재개발원의 부족한 부분을 지적하고 개선안을 제안하는 기획서를 내기도 했습니다." (영업관리 지원자)

위와 같은 지원자들의 답변을 들으며 면접관은 두 가지 의문이 든다. 첫째, 지원자가 제시한 그 역량이 지원 직무와 어떤 관련성이 있다는 것인가? 둘째, 하필이면 왜 그 역량을 군이 연마하고 키워오고 갖춰온 것인가?

위 사례에서 언급된 역량은 어떤 근거나 이유를 기반으로 제시된 것이 아니라 다짜고짜 제시된 키워드라는 것을 알 수 있다. 직무에 대한 이해가 보이지 않기 때문이다. 영업이니까 적극성과 소통력이 필요하고 마케팅이니까 분석력이 있어야 하고 인사니까 사람을 좋아하고, 회계·재무는 숫자에 대한 감각이 있어야 되고, 연구개발은 끈기가 있어야 된다는 식이다. 구체적인 근거 없이 막연하게 필요할 거라고 추정되는 역량을 우선 키워드로 던져놓고 관련된 경험을 나열하는 답변만 반복하고 있다.

IT개발 지원자가 이야기한 문제해결 능력이라는 게 구체적으로 무엇을 의미하는지 이해할 수 있는 근거는 보이지 않고, 연구개발 지원자가 말하는 책임감은 영업 직무 지원자들이 숱하게 이야기하는 맹목적인 끈기와 흡사해 차별점을 느끼지 못하겠으며, 영업관리 지원자는 왜 밑도 끝도 없이 후배들에게 베푼 무한한 자비를 이야기하고 있는지 알 수가 없다. 막연하게 '적극성과 도전정신, 그리고 조직에 융화될 수 있는 협업도 보여줘야겠지.'라는 혼자만의 생각으로 이뤄지는 전형적인 키워드와 경험 투척이다. 듣는 면접관 입장에서 지원자들의 근거 없는 고차원적 전략을 이해할 수 있을 리 없다.

필요한 역량부터 세일즈하기

> **GOOD** "제대로 관리되지 않은 부주의한 작업환경은 잦은 안전사고와 인명피해, 작업지연으로 이어질 수 있습니다. 산업안전기사 자격을 취득하며 쌓은 작업환경 관련 표준과 법규, 체계적인 작업환경 관리 지식은 작업환경의 생산성을 높이고, 작업자들의 안전까지 확보할 수 있는 필수적인 역량이라고 생각합니다."

위 답변은 산업안전기사를 취득했다는 식으로 경험만 나열하지 않았다. 해당 자격증이 필요한 상황과 이유를 구체적으로 제시해 지원자가 가진 자격사항을 적극 세일즈한 사례다. 직무 학습과정에서 배운 구체적인 지식은 뒤에 덧대거나, 추가 질문이 들어오면 그때 답변해도 충분하다. 설득의 논리만 분명하다면 면접관은 그 근거를 묻게 된다.

> **GOOD** "UX는 단순한 데이터 분석만으로 파악할 수 없는 사용자 경험을 기반으로 사용자의 사고방식, 행동패턴을 예측하는 하나의 도구입니다. 시대의 흐름을 따라가는 데이터 분석보다, 한발 앞서 소비자들의 눈길과 수요를 이끌 수 있는 마케팅을 하는 데 있어 제가 가진 지식과 경험을 십분 활용할 수 있다고 생각합니다."

지원 분야와 다른 기술을 가지고 있더라도 직무에 대한 이해가 있다면 자신 있게 드러낼 수 있다. UX라는 분야가 가지는 의미를 강조하며 지원자 스스로를 세일즈하고, 지원하는 마케팅 직무에 대한 이해를 기반으로 마케팅 업무에 UX가 왜 필요한지를 논리적으로 설득하고 있다. 이처럼 세일즈 논리를 깔고, 경험을 등장시킨다면 '논리+근거'로 차별화에 성공할 수 있다.

> **GOOD** "십수 개에 달하는 거래처를 다니며 매출, 재고, 청결, 공지 등 여러 요소를 체계적으로 관리하기 위해서는 효율적인 시간관리 능력이 필수라고 생각합니다. ○○ 매장에서 아르바이트 당시 동료들 대부분 서로가 눈앞에 보이는 위치에서 주어진 업무들을 처리하다 보니 동선이 꼬이고, 업무가 중복되어 손님 응대가 미흡한 경우가 많았습니다. 전체적인 업무 프로세스를 정비하고, 체크해야 할 요소들을 세부적으로 정해 동료들과 공유하고 업무분담을 새롭게 함으로써 러시아워에도 실수 없이 효과적으로 업무에 대응할 수 있게 되었습니다."

영업 직무에 대한 구체적인 이해를 시작으로 자신이 생각하는 효율적 시간관리 능력의 필요성을 서두에 드러냈다. 뒤이어 관련된 구체적 경험으로 단순한 키워드 제시와 경험 나열이 아닌 분명한 세일즈 논리에 기반한 구체적 사례를 제시한다. 지원자 자신이 가진 역량을 뚜렷하게 드러내면서 차별화까지 성공한 사례다.

"작은 호기심과 궁금증을 해결하기 위한 탐구정신이 새로운 발견을 만든다고 생각합니다. 사람이 단맛을 느끼는 과정에 호기심을 느껴 단맛수용체와 감미물질의 상호작용을 연구하기 시작했습니다. 단맛수용체 발현을 위해 온도, 유도제 농도와 주입시간을 조절해봤지만 수용체는 확인되지 않았습니다. 다른 실험실에 수소문해 새로운 발현벡터를 구했고, 다시 발현계를 구축한 뒤에 최적의 배양·발현 조건을 찾아내며 4개월 만에 수용체를 확인할 수 있었습니다. 표면 플라즈마 공명(SPR) 실험 역시 수용체와 리간드의 결합 및 해리·속도상수를 확인하고 싶은 호기심에서 출발한 연구였습니다. 항상 호기심을 갖고 끝까지 탐구할 수 있는 열정이 있습니다."

대부분의 연구개발 직무 지원자들은 연구 내용과 성과만 강조한다. 경험 자체를 역량이라고 던질 뿐이다. 위의 지원자는 자신이 가진 호기심과 치열한 고민의 태도를 지원하는 직무에 필요한 역량으로 제시했고 관련된 경험을 이어 제시했다. 좋은 태도와 함께 관련된 경험까지 하나의 세트로 엮어서 차별화와 설득력을 함께 달성했다.

'나의 역량'에 대한 이해가 직무역량의 핵심?

"옴스 님, 관련된 경험이 없으면 지원 직무 관련해서 준비해온 것들은 어떻게 이야기하나요?" 면접관은 빈번하게 지원 직무와 관련해 준비해온 것들을 묻는다. 문제는 과거의 경험들이 지원 직무와의 연관성이 떨어질 경우 어떻게 면접관의 질문에 답해야 할지 막막하다는 점이다. 그냥 한번 지원해서 덜컥 가게 된 은행 면접에서 경제신문을 열심히 읽어왔다는 식으로 어필은 해보지만 다른 지원자에 비해 경험이 빈약한 것 같아 마음이 편치 않고, 면접관들의 표정도 탐탁지 않다.

나의 경험과 지원 직무와의 고리를 끊으면 편하다

아무리 노력해봐야 직무 관련 경험이 없다는 점은 바뀌지 않는다. 없는 것을 애써 있는 척, 노력해온 척해봐야 다양한 경험을 쌓아온 옆 지원자들만 더 부각시키는 꼴이다. 이때는 직무이해를 토대로 나의 역량을 해당 직무에 접목할 수 있는 이유를 진솔하고 담백하게 답변하는 것이 정답이다. 포인트는 괜히 없는 걸 있는 척 억지스럽고 거짓되게 보여주지 말고, 자신이 가진 역량으로 승부를 보려는 태도다.

> **GOOD** "김치-식품, 전자-식품, 공유차-카드사 등 다양한 산업 간의 협업이 새로운 재미와 서비스 출시로 이어지는 시기입니다. 때로는 철저한 분석에 오랜 시간을 쏟는 것보다 과감하고 새로운 시도가 고객들에게 차별된 가치를 줄 수도 있습니다. 마케팅 관련된 직접적 경험은 부족하지만 과거 ○○사 영업 인턴 당시 기존 대형사에 한정되어 있던 고객군을 중견, 중소로 넓히자는 의견을 제시해 신규 고객을 창출한 적이 있고, △△사 홍보팀 인턴 당시에는 페이스북, 인스타그램에 편중된 홍보채널과 카드뉴스 홍보방

분석력이나 관련된 경험이 없는 지원자다. 대신 자신의 장기인 새로운 관점의 사고와 논리적 기획력을 제시하며 지원 직무인 마케팅에 최적화된 경험임을 강조하고 있다. 직무 관련 경험이 없어서 걱정이라는 지원자들과 달리 직무에 대한 자의적인 해석이 있기 때문에 자신만의 무기를 중심으로 설득 논리를 만들어낼 수 있었다.

> **GOOD** "경영지원은 불확실성에 대한 다각적 분석을 통해 사업의 리스크를 낮추고 안정성을 키울 수 있습니다. 따라서 다양한 요소들을 복합적으로 고려한 분석과 판단력이 중요하다고 생각합니다. ○○○공사 법무실 인턴 당시 10개 공사 관련 법령 입법발의 및 개정안 상시 모니터링을 맡았습니다. 하지만 공사 법령 기준으로 정리하다 보니 도입배경이나 취지를 이해하는 데 어려움이 있었습니다. 그래서 모니터링 기준을 금융 관련 법안으로 넓혔고, 유관기관의 법령 제·개정과 연계함으로써 다각적 분석을 토대로 모니터링 결과를 사내포털에 게시해 좋은 평가를 받았습니다. 항상 하나라도 더 꼼꼼하게 챙기는 태도로 경영지원 업무를 수행하겠습니다."

경영지원은 결국 사업의 리스크를 낮추는 일이라는 직무에 대한 해석, 이를 위해서는 복합적 고민과 분석이 필요하다는 자신의 역량을 제시했고, 뒤이어 관련된 경험을 이야기하고 있다. 없는 경험을 있는 척하며 안간힘 쓰지 말고, 자신이 가진 경험과 무기들이 지원하는 직무에 어떻게 접목될 수 있는지 확실한 주관과 해석을 토대로 논리를 만들어보자.

직무 약점과 입사 후 포부는
한 번에 끝낸다

세상에 완벽한 사람은 존재하지 않는다. 누구에게나 약점은 있기 마련이다. 그럼에도 대부분의 사람들은 자신의 약점을 치부로 생각해 드러내기를 꺼리고 감추는 데 급급하다. 그러나 고수는 다르다. 자신의 약점을 정확하게 파악하고 있다. 쉽지 않겠지만 개선하기 위한 구체적인 방법과 계획도 존재한다. 면접장에서 대부분의 지원자들은 하수의 면모를 보인다. 괜히 약점이 걸리면 탈락할까 두려워 순간을 모면하려고 적당한 약점을 찾는 데 급급하다. 철저한 직무이해를 토대로 부족한 점을 파악하고 구체적인 계획까지 고민한 고수는 찾아보기 어렵다.

직무역량에 대한 약점은 입사 후 포부로 연결된다

Q. "지원 직무에 대한 본인의 약점이 무엇인가요?"

BAD "저의 약점은 계획 없이 행동이 앞서는 것입니다. 이러한 성격은 예기치 못한 문제를 발생시키곤 했습니다. 그래서 매일 아침 하루의 일과를 정리해 돌발 변수의 발생을 줄였습니다. 그 결과 일을 꼼꼼하게 처리할 수 있게 되었습니다."

BAD "멀티태스킹에 약한 편입니다. 동시다발적으로 많은 일을 수행해야 되는 시점이 되면 어려움이 컸고, 간혹 정해진 일정을 넘겼던 적이 있었습니다. 이후 매 순간 작은 일도 꼼꼼하게 메모하고, 일정을 체크하면서 실수를 보완하고 완벽히 업무를 해낼 수 있었습니다."

BAD "어떤 일을 하기 전에 생각이 긴 편입니다. 빠른 의사결정이 필요한 시점에 오랜 시간 고민하다 적절한 시기를 놓쳤던 적이 종종 있었습니다. 이제는 일의 긴급성을 함께 고민하면서 필요한 시점에는 빠르게 행동에 옮기고자 노력하고 있습니다."

보통 직무수행상의 약점을 생각할 때, 최대한 흠결이 드러나지 않으면서 지원 직무에 치명적인 약점이 아닌 것을 고민한다. 그리고 현재는 약점을 보완해나가고 있음을 보여줘야 한다는 요소까지 고민하면서 약점을 제조한다. 걸리면 큰일이라는 생각으로 온갖 핑계와 변명을 꾸민다. 각자만의 주관은 찾아볼 수 없고, 변명과 구색 맞추기 그 이상의 의미를 찾을 수 없는 답변만 나오는 이유다.

GOOD "회계적 지식은 정확한 회계적 이익 및 현금흐름 산출에 있어서 중요합니다. 하지만 전략적 투자의사 결정에 있어 여러 투자안들의 가치를 평가할 수 있는 재무적 지식은 부족한 편입니다. 현재 재무관리를 중심으로 기초를 바로잡고 있으며 입사 후에도 지속적인 학습을 통해 부족한 부분을 보완해나가고자 합니다." (재무회계 지원자)

GOOD "다양한 직무에 대한 부족한 이해가 약점입니다. 인사 업무를 수행함에 있어, 각 직무별 업무수행 방식과 프로세스를 정확히 이해해야 각 직무별 기능에 맞는 인사관리 제도를 수립하고 운영해나갈 수 있다고 생각합니다. 입사 후에 인사 업무 자체에만 매몰되기보다 타 부서 업무를 공부하고 이해하는 것도 게을리하지 않겠습니다." (인사 지원자)

약점을 이야기하지만 이렇게 이야기하는 지원자를 흠잡을 면접관은 없다. 자신이 하고자 하는 일이 무엇인지에 대한 명확한 이해를 바탕으로 자신이 부족한 부분, 약점이 무엇인지를 파악하고 있기 때문이다. 지원자는 약점을 밝혔지만 직무에 대한 깊은 이해를 면접관에게 드러낼 수 있을 뿐만 아니라, 입사 후의 계획이나 포부까지도 자연스럽게 드러낼 수 있다. 지원 직무에 대한 약점이 입사 후 포부 및 계획으로까지 연결될 수 있는 이유다.

무조건 잘나고 모든 면에서 뛰어난 사람은 없다. 10년 차 현직자조차 부족한 점투성이다. 따라서 면접관이 흠을 잡기 위해 직무상의 단점과 약점을 묻는다는 것은 지원자의 오해고 착각이다. 면접관은 지원자의 솔직함과 직무이해도를 보고 싶을 뿐이다. 자신의 약점을 잘 아는 것도 실력이다. 부족함을 안다는 것은 무엇을 채워야 하는지 정확하게 알고 있다는 의미기 때문이다. 다년간 회사생활을 하게 되는 직장에서 하고 싶은 일과 목표가 분명히 있는 사람을 싫어할 면접관은 없다. 오히려 지원자의 직무에 대한 고민의 깊이를 더 높게 평가한다.

입사 후 포부에서는 산업과 직무에 대한 고민이 드러나게

Q. "회사생활에서 꿈꾸는 비전은 무엇인가요?"

BAD "업무에 최대한 빠르게 적응하겠습니다. 조직의 분위기와 업무 프로세스를 빠르게 익혀 실무 능력을 인정받고 입사와 함께 외국어 능력을 꾸준히 쌓겠습니다. 5년 뒤에는 현지 주재원으로 나가 해외 시장 전문가가 되기 위한 초석을 다져 ○○○사를 베트남 시장 1위 식품기업으로 만들겠습니다."

BAD "항상 새롭고 낯선 기술도 적극적으로 공부하고, 세미나도 적극적으로 참여하며 정교한 분석기법과 IT기술을 익히겠습니다. 생산기술 고도화를 통해 □□□사를 글로벌 업계 1위로 만들고, 최고의 품질 전문 엔지니어가 되도록 하겠습니다."

뻔한 내용이다. 지원 직무에서 응당 해야 될 일을 힘찬 어조로 이야기할 뿐 구체성이 전혀 없다. 앞서 약점 부분에서 살펴본 직무이해도도 보이지 않고, 산업이 직면하고 있는 이슈에 대한 견해도 뚜렷하게 보이지 않는다. 합격하고 싶다는 의지의 표현일 뿐 실속 있는 알맹이가 없다.

GOOD "입사 후 전사적 컴플라이언스 시스템 구축에 힘쓰고 싶습니다. 롯데그룹 전체의 정보보호를 책임지는 롯데정보통신에 꼭 필요한 업무라고 생각합니다. 개인정보보호법, 정보통신망법 등 사업 추진과 관련된 모든 법을 모니터링하며, 관련 법령 체크리스트와 전 직원의 쉽고 빠른 이해를 돕는 가이드라인을 만들겠습니다. 전사적 차원의 리스크관리 체계 구축에 힘쓸 수 있는 전문가가 되겠습니다." (법무 지원자)

GOOD "저칼로리 기능성 감미료가 가진 건강함의 가치를 제품에 담아내고 싶습니다. 특히 제과업계는 주 고객층인 아동 인구가 감소하고 있어 고객 연령층을 확대할 필요가 있습니다. 기능성 감미료 연구 경험을 기반으로 저칼로리의 건강한 제품을 개발해 고객의 범위를 넓히고자 합니다. 감미료의 물리·화학적 특성과 관능평가를 통해 설탕과 대체감미료의 최적 비율을 찾아 제품에 적용하겠습니다." (연구개발 지원자)

GOOD "글로벌 IR전문가가 되고 싶습니다. ○○○사가 진정한 글로벌로 거듭나기 위해서는 해외 금융 시장에서 그 사업역량과 비전을 인정받고 신규 투자자들을 유치할 수 있어야 합니다. 제가 갖춘 회계적 역량에 IFRS에 대한 이해를 더해 사업의 주요 시장이 될 유럽을 중심으로 투자자 유치·확대를 이뤄내고 싶습니다." (재무회계 지원자)

극명한 차이가 드러난다. 아침 7시에 출근해서 밤 10시에 퇴근하겠다는 막무가내식 포부와는 차원이 다르다. 회사가 직면하고 있는 상황, 직무에 대한 구체적인 이해를 마음껏 발산하는 것이 올바른 입사 후 포부다. 조금은 허황되어도 무관하다. 입사 후 포부 및 계획은 지원자의 맹목적인 충성도를 확인하는 질문이 아니다. 산업, 회사, 직무에 대한 고민의 깊이를 보고자 함이다. 일어나지 않을 일이어도 지원자의 고민이 충분히 묻어난다면 면접관은 응당 좋은 평가를 내릴 수 있다.

직무 약점을 극복해 입사 후 포부로 연결하는 법

지원자들에게 부족한 것은 산업, 사업, 직무에 대한 이해다. 약점을 들키지 않기 위한 눈속임, 억지스러운 충성심을 보여주려는 잘못된 접근이 지원자를 탈락으로 이끈다. 철저한 직무 학습에 기반해 도출된 약점이라면, 약점임에도 불구하고 면접관에게 깊은 인상을 남길 수 있다. 직무와 자기 스스로에 대한 고찰과 해석이 선행되었음을 알 수 있기 때문이다. 이처럼 깊이 있는 고민을 해왔던 지원자들에게는 지원 직무 약점과 입사 후 포부 및 계획에 대한 질문은 오히려 자신의 깊은 고민과 생각을 보여줄 수 있는 절호의 기회다. 잘 준비되었다면 아래와 같은 질문들도 한 번에 대비할 수 있다.

- 입사 후에 해보고 싶거나 맡아보고 싶은 일이 있나요?

- 지원 직무에서 앞으로의 계획이 있나요?

- 본인의 단점과 약점을 어떻게 보완해나갈 생각인가요?

- 스스로 부족하다고 생각되는 점이 있나요? 있다면 개선 방안은 뭔가요?

- 업무수행에 있어 예상되는 어려움과 극복 방안이 있나요?

- 지원 직무 외에 다른 직무에 배치된다면 어디에 가고 싶나요?

4장

유형별 면접 대응 전략

직무·인성·임원면접부터 AI면접까지 한 번에 끝내는 법

각각의 면접전형을 다른 면접으로 인식하고 접근하는 것 자체가 비효율적인 시간낭비를 초래한다. 각 유형별로 포인트는 다를 수 있지만 애초에 앞서 살펴본 취업 3요소에 대한 탐구와 고민을 중심으로 면접을 준비했다면 모든 면접을 한꺼번에 대비할 수 있다. 직무면접에서 태도나 인성 관련 질문을 던질 수 있으며 임원면접에서 인성, 직무 가리지 않고 질문이 등장하기도 한다. AI는 직무·역량·인성면접의 질문들을 모두 아우른다. 기본적인 면접 준비과정은 앞선 내용들을 참고하면 된다. 여기서는 각 면접 유형별 필수 체크 포인트를 짚어보자.

직무면접과 역량면접

지원자의 직무수행 역량과 자질을 판단한다. 단순히 관련 경험 유무를 판단하는 게 목적이었다면 면접을 볼 이유가 없다. 면접관이 판단하는 업무수행 능력은 특정 상황이나 경험 속에서 지원자가 '왜, 무엇을, 어떻게' 했는지가 기준이다. "어떤 유관 경험을 했다."라는 식으로 경험의 유무 자체가 아니라 "어떤 경험 속에서 어떤 생각으로 어떤 행동을 어떻게 했다."라는 구체적인 답변을 해야 한다. 직무역량이라는 말의 속뜻은 직무를 수행할 수 있는 역량이지, 직무역량 키워드 자체를 의미하지 않는다. 경험을 제시하는 관점이 바뀌지 않는다면 주구장창 일방적 직무 연관성만을 강조하다 면접이 끝날 것이다.

직무이해도가 충분한지 점검한다. 경험은 충분하지만 막상 "인사가 무엇인가?"라고 물으면 꿀 먹은 벙어리가 되는 지원자들이 허다하다. 지원자 대다수가 직무 연관성만 드러내려고 할 뿐 직무 중심의 주체적인 고찰이 부족하니 답변에서 고민의 깊이가 느껴지지 않는 것은 당연하다. 충분히 이해하고 있다고 항변해도 말로 표현할 수 없다면 듣는 입장에서는 모른다고 판단할 수밖에 없다. 당연한 것을 얼마큼 구체적으로 이야기하고 풀어낼 수 있는지에 따라 면접관이 느끼는 지원자의 직무이해도는 천양지차다. 지원하는 직무의 업무부터 기능과 역할, 중요성 등을 세세하게 파악해보면서 직무에 대한 주관적 관점을 넓히는 게 중요한 이유다.

임원면접이 곧 인성면접이다

임원면접은 인성면접의 상위 버전이다. 임원면접은 보통 2차 면접전형이다. 1차 직무·역량면접을 통해 이미 기본적인 업무수행 역량이 검증되었다고 판단하기에 임원들은 특히 '태도'를 중요하게 본다. 이들은 지원자의 맥락 없이 튀어나오는 자기자랑과 성과 및 경험 나열에 눈살을 찌푸린다. 오히려 스펙이나 경험은 부족해도 자신감 넘치게 자신의 견해를 피력하거나 예상 밖의 유머로 분위기를 휘어잡고 최종 합격하는 사례가 더 비일비재하다. 학부를 평균 3.0학점으로 졸업한 공대생은 임원면접을 뚫고 오뚜기 연구개발 직무에 최종 합격했고, 학부에서 심리학을 전공하고 우리카드 IT 직군에 합격한 사례도 있다. 지원자 입장에서는 도통 이해가 가지 않겠지만 보통 최종 면접에서 연거푸 탈락하는 N수생과 스펙을 뛰어넘는 합격자 간에는 다음과 같은 차이점이 있다. 이 차이를 채울 수 있는 방법은 책 앞부분에서 충분히 설명해왔다. 핵심은 마인드다.

- 답변은 경험이나 결과, 성과가 아닌 과정과 생각, 태도로 승부를 본다.
- 스펙 대신 지원하는 산업, 사업, 직무에 대한 깊은 사고의 결과물을 자유자재로 드러낸다.
- 지원자의 자신감 넘치는 표정과 눈빛, 말투, 느낌 자체는 입장하는 순간 면접관에게 전달된다.

- 확실하게 맺고 끊는 간결함과 담백함, 약점도 인정하는 깔끔한 자세가 필요하다.
- 자신만의 개성과 생각, 캐릭터를 분명하게 드러낸다. 재미도 중요하다.

AI면접은 도대체 어떻게 해야 할까?

AI면접의 핵심은 편안하게 보는 것이다. 아마 대부분의 지원자들은 일반 면접을 준비하듯이 질문별 답변을 철저히 준비할 것이다. 완벽한 암기를 바탕으로 자신감 넘치는 유창한 말투로 면접을 보지만 합격률은 크게 개선되지 않았을 것이다. 이유는 대면면접과 동일하다. 천편일률적인 답변 패턴부터 암기에서 나오는 부자연스러운 톤과 표정, 말투, 깔끔하고 담백하지 못한 전형적이고 장황한 답변까지 모든 것이 문제다. AI(인공지능)가 무엇에 최적화되어 있는지는 이미 지원자도 잘 알고 있지 않은가? 전형적, 반복적, 추상적, 형식적으로 반복되는 지원자들의 면접 행태를 걸러내는 데 최적화되어 있을 것이다. AI면접을 합격하고 싶다면 최대한 힘을 빼고 있는 그대로의 생각을 편하게 내질러볼 필요가 있다. 날것 그대로의 생각을 자연스럽게 대화하듯이 내지르는 것이 포인트다.

'설마 그래도 될까?' '아무리 그래도 준비 없이 어떻게?'라는 생각 때문에 지원자들은 단 한 번의 면접도 시원하게 보지 못했을 것이다. 반면 욕심과 부담 없이 편하게 생각을 내지르는 이들의 결과는 실로 놀랍다. 철저하게 준비했던 면접에선 보지 못했던 결과가 아무런 욕심 없이 편하게 응시한 면접에서 생각지도 못하게 잘 나온다. 중요한 것은 평소부터 잘 정립되어 있던 자신의 생각이다. 당장 이틀 뒤로 잡힌 면접을 준비하는 게 아니라면 철저하게 짜인 스크립트 대신 3요소를 중심으로 생각의 깊이를 더하는 게 핵심이다. AI는 스크립트를 외워 기계적인 답변을 준비한 지원자를 신속하고 정확하게 걸러낸다.

토론면접의 핵심은
균형 잡힌 관점이다

토론의 목적은 맹목적인 경쟁이 아니다. 경쟁의 형태를 띠지만 특정 이슈를 중심으로 찬반을 구분해 의견을 나누면서 관점과 시각을 넓히고, 양분된 진영 사이에서 최적의 합의점을 도출하는 과정이다. 회사생활을 떠올리면 이해가 쉽다. 조직구성원들은 회사의 성장과 발전이라는 공동의 목표를 추구하지만 전략과 방법에서는 자신과 다른 의견을 가진 이들을 수없이 마주하게 된다. 끊임없는 토론이 이어지지만, 최종 목표는 투쟁을 통한 승리가 아니라 정반합의 솔루션을 도출하는 것이다. 즉 토론은 건설적이고 건강한 의견 교류의 과정이다.

따라서 강력한 주장으로 상대방을 이겨먹겠다는 지원자의 태도는 면접관의 눈살을 찌푸리게 만든다. 때로는 상대방의 견해가 합리적일 수도 있다. 논리적인 생각을 날카롭게 전개하면서도 상대방의 합리적 주장과 설득에 개방적인 태도를 보일 수 있어야 한다. 또한 지원자 간의 토론이 건설적인 방향으로 이어질 수 있도록 논지에서 벗어나거나 지엽적인 논제에 부딪혀 토론 진행이 지지부진할 때는 거시적 관점에서 토론을 이끌어갈 수 있는 리더십도 필요하다.

토론면접은 흑백 논리가 아닌 균형 잡힌 사고가 중요하다

주제: 한국 기업들의 국내 공장 해외 이전

찬성

BAD "기업의 생존을 위해서는 어쩔 수 없는 선택입니다. 국내에 남아 강한 규제와 높은 인건비를 감당하면서 글로벌 기업과의 무한경쟁에서 살아남을 수 없습니다. 해외 이전은 기업의 선택이 아닌 생존을 위한 필수입니다."

GOOD "국내에 산업 생태계가 촘촘하게 조성될 경우 발생할 수 있는 시너지를 무시할 수는 없습니다. 하지만 극심해지는 글로벌 경쟁 속에서 살아남기 위해서 해외 이전은 필수가 되고 있습니다. 국가 차원에서 리쇼어링을 장려할 수 있는 감세, 인건비 부담 완화 등의 구체적 세제 혜택이나 유인책이 없다면 개별 기업의 선택을 부당하다고 할 만한 근거는 없습니다."

반대

BAD "개별 기업들의 해외 이전은 산업 전체의 촘촘한 네트워크 와해를 유도하고, 궁극적으로는 개별 기업의 경쟁력 약화와 직결됩니다. 한번 무너진 생태계는 재건할 수 없게 됩니다. 해외 이전으로 촉발되는 기술 유출 사례가 늘어나고 산업 내 기술 경쟁력 또한 크게 훼손될 것입니다."

GOOD "비우호적인 사업환경으로 인한 해외 이전 선택에 공감하지만 공장 이전은 다른 측면에서 잠재적 위험이 있습니다. 기술 유출에 대한 위험과 중국의 사드, 일본의 백색국가 리스트 배제 등의 정치적 위험도 간과해서는 안 됩니다. 물론 개별 기업의 선택을 강요로 해결할 수 없기에 정부, 산업 전체적 관점에서 함께 고민해야 될 문제입니다."

양쪽 견해에 대한 이해가 있다면 발제를 할 때부터 균형 잡힌 시각을 보여줄 수 있다. 이처럼 각 진영에서 상대편의 의견이 들어올 때 무조건 적으로 튕겨내기보다는 상대편 의견에 대한 공감과 함께 내 진영의 당위성을 보여주는 식으로 토론을 전개하면 좋다.

보수와 진보, 성장과 분배, 외형과 내실 등과 같이 어느 한쪽이 무조건 중요하다고 할 수 있는 가치는 존재하지 않는다. 어떤 상황, 어떤 관점에서 보는지에 따라 우선시하는 가치가 달라질 뿐이다. 다양한 사람들이 한곳에 모여 최선의 결과를 도출하기 위해 협업하는 이유다. 강한 논리보다는 균형감이 핵심이다.

선무당이 방향키를 잡고 있다면 전멸할 수도 있다

토론면접에 참여하다 보면 뭐든 발언해야 된다는 부담감 때문에 앞지원자의 의견에 꼬리물기식 답변을 내뱉거나 경쟁적으로 아이디어를 제안하기도 한다. 순간에 충실하다 보니 목적을 망각한 채 집단 전체가 삼천포로 흐르는 경우도 자주 발생한다. 이때 산으로 가고 있는 토론을 올바른 궤도에 올려놓는 역할이 바로 사회자다. 일례로 〈100분 토론〉의 손석희 아나운서는 패널들의 답변이 논지에서 벗어나면 재빠르게 쟁점을 울타리 안으로 돌려놓는다. 한 이슈에 대한 논의가 지루하게 지속된다면 새로운 국면의 논제를 제시해 토론을 건설적인 방향으로 이끌기도 한다.

문제는 사회자를 해야 합격할 수 있다는 생각으로 자신이 사회자를 맡겠다며 손부터 들고 나서는 지원자들이다. 주제의 본질을 파악하고 전체적 관점에서 토론을 이끌 수 있는 사람이 사회자를 맡아야 전체에게도 득이 된다. 토론을 주도적으로 이끌어갈 수 있는 듣기 실력과 리더십이 없는 선무당은 토론을 어디로 어떻게 이끌어야 될지 모른다. 우왕좌왕하며 토론 분위기와 진행을 엉망으로 만들어서 결국 같은 조에 편성된 지원자 모두를 탈락으로 이끌 수도 있다.

꼬리물기식 의견 제안은 토론이 아니다. 패널로 참여하는 모든 지원자들은 토론면접이 시작되는 순간부터 끝나는 시점까지 현안과 쟁점을 놓쳐서는 안 된다. 그중에서도 특히 사회자는 토론이 주제 내에서 이루어질 수 있도록 패널들의 이야기에 귀 기울이고, 혹여 발언 기회가 일부 지원자에게 치우친다면 제대로 발언하지 못한 지원자들에게 고르게 기회가 갈 수 있도록 신경 쓰는 구심점 역할을 해야 한다.

주제: 대형마트, 백화점, 할인점의 영업일수 규제

BAD "저는 영업제한 요일을 일요일이 아닌 다른 요일로 바꾸면 어떨까 생각합니다. 외출이 가장 많은 주말에 영업을 제한하는 것은 소비 진작과 주변상권에도 부정적 영향을 미칠 수 있습니다."

BAD "같은 맥락에서 저는 영업제한 일수는 늘리는 대신 개별 점포별로 휴일을 직접 지정해서 운영하는 방식이 합리적이라고 생각합니다."

BAD "추가적으로 유통채널의 특성, 상권의 특성을 고려한 영업일수 제한의 차별 적용도 고민해야 될 부분입니다."

GOOD "영업일수 제한 방식에 대한 논의도 중요하지만 규제 자체에 대한 찬반, 그리고 대형마트에만 적용하던 규제를 백화점과 할인점에까지 확대 시행하는 내용에 논의를 집중하는 게 좋다고 생각합니다." (사회자 또는 누군가)

가능하다면 상기 사례의 사회자 답변처럼 토론이 단계적 과정을 거쳐 원론에서 각론으로 고조되도록 시간을 분배하고 토론을 이끌어가는 것이 제일 좋다. 주제에 대한 명확한 이해, 시간 배분과 발언권의 안

배까지 적절히 해낼 수 있다면 최고의 조정자로 좋은 인상을 남길 수 있다. 물론 사회자가 아니더라도 토론이 논제에서 벗어나거나 지엽적 이슈에 치우친다면, 모두를 위해서 정중하게 손을 들고 방향을 바로잡을 필요가 있다.

micro로 대신 MACRO에 집중하라

주제: 원자력 발전소 폐쇄 및 신재생에너지로의 패러다임 전환

BAD "원전은 방사능 유출 시 심각한 재앙을 초래할 수 있으며 발전 후 배출되는 폐기물 처리 또한 완벽하게 해결할 수 없습니다. 따라서 원전을 폐쇄한 후 신재생에너지로 전환하는 것은 필연적이고 당연한 선택입니다."

BAD "원전은 발전 비용이 저렴하고, 효율이 높아 값싼 에너지를 공급하기에 최적의 발전 방식입니다. 태양력 발전은 모듈 설치와 운영에 많은 비용이 소모되고, 설치과정에서 산을 깎으며 오히려 환경을 파괴하는 주범이 되기도 합니다."

GOOD "장기적으로 원전에 대한 의존도를 낮추고, 신재생에너지 비율을 높이는 데는 저도 동감합니다. 다만 현재 원전 폐쇄로 현저하게 줄어든 에너지를 메울 LNG, 태양력, 풍력의 채산성이 충분하지 않아 에너지 비용의 상승을 초래하고 있으며, 이러한 부담은 가계와 기업에 고스란히 전가되고 있습니다. 급진적인 원전 폐쇄보다는 채산성 확보 추이에 맞는 단계적인 원전 의존도 축소가 필요하다고 생각합니다."

토론은 건설적이어야 한다. 세세한 디테일을 논하기보다는 큰 방향성에 대한 논의가 필요하다. 앞의 두 지원자처럼 현안 자체에만 매몰되기보다는 마지막 지원자처럼 현안과 관련된 이슈들을 폭넓은 관점에서 생각해보고 견해를 제시해보자. 세계 최고 수준인 국내 원자력산업의 경쟁력 쇠퇴와 이로 인한 일자리 감소, 중동과 개발도상국을 중심으로 한 조 단위의 신규 발주와 장기운영 용역 수주의 기회비용 등을 지적해볼 수도 있을 것이다.

몇 번 되지 않는 발언 기회를 세세한 아이디어나 방식에 대한 견해 제시에 쏟기보다 현안에 대한 거시적 관점과 견해를 밝혀 넓은 시야를 갖고 있는 지원자임을 보여주자.

백승수   대기업들은 야구단의 운영에서 발을 빼고 싶어 하고 있죠. 하지만

태광은행은 2015년도에 웨일스와 메인 스폰서를 계약하면서 금

융권에서는 2군이라고 불릴 만큼 낮았던 이미지가 급상승하며…

이제훈   (말을 자르며) 넵. 대충 아는 얘기네요. 다음으로.

백승수   젊은층을 강타했던 포털 사이트 PF의 강점은 엔터테인먼트적인

성격이 강하다는 점입니다. 이런 점이 야구단의 운영과 굉장히 잘

맞습니다.

이제훈   (코웃음을 치며 다시 말을 자른다.) 좋습니다. 좀 더 새로운 얘기로.

드라마 〈스토브리그〉 16회 중

    꼴찌 야구단 드림즈를 이끄는 백승수 단장은 IT기업 PF의 이제훈 대
표이사 앞에서 'PF가 드림즈를 인수해야 하는 이유'를 주제로 PT를 진
행한다. 백승수 단장이 준비한 PT를 듣는 내내 이제훈 대표는 조롱 섞
인 웃음을 지으며 말을 끊는다. 이미 충분히 예상했던 뻔하디뻔한 내용
이기 때문이다. 발표자 입장에서는 PT의 설득력을 높이기 위해 행했던
수많은 자료조사와 준비들을 생각하면 서두에서 관련된 조사들과 수
치, 결과들을 보여주고 싶은 마음이 드는 것은 당연하다. 하지만 듣는
사람의 입장에서는 그렇지 않다.

불필요한 내용은 과감하게 생략하라. 핵심은 본론이다

주제: IT기술 발전에 따른 보험사의 IT기술 활용전략

BAD "4차 산업혁명 시대가 도래하면서 다양한 IT기술이 빠르게 성장하고 있습니다. 실제로 여러 산업군에서 많은 기업들이 IT기술 도입을 통한 변화들을 이뤄내고 있을 정도로 그 중요성은 더욱 커지고 있습니다. 스타벅스는 일찍이 IT기술을 활용한 소비자 구매패턴 분석과 언택트에 최적화된 환경 구축을 통해 코로나19 이후 눈에 띄는 매출상승 효과를…."

GOOD "시장에는 이미 수많은 IT기술이 등장했습니다. 그중에서도 보험사의 위기 돌파에 가장 핵심이 될 기술은 단연 AI라고 생각합니다. 보험사가 처한 작금의 경영환경과 AI기술의 특징을 중심으로 AI를 어떤 측면에서 어떻게 활용해야 하는지 발표를 진행해보도록 하겠습니다."

첫 번째 답변은 뚜렷한 주제가 드러나기도 전부터 불필요한 배경 설명에 많은 시간을 할애하며 청중인 면접관의 관심을 빠른 속도로 멀어지게 만들고 있다. 면접관은 아마 발표 서두부터 눈살을 찌푸리고 있을 것이다. 면접관은 기술과 활용에 대한 지원자의 견해가 궁금하지, 뻔하고 장황한 배경설명이 궁금한 게 아니다.

지원자는 PT 준비과정에서 어디에 힘을 써야 되는지 명확하게 이해해야 한다. 물론 서두에 현황 분석과 의미도출이 없다면 중반부부터 제시될 의견의 합리성이 떨어질 수 있다. 다만 IT기술 활용 전략이 논제 인 만큼 서두에서 자신의 견해와 무관한 시장이나 현황 분석은 되도록 지양하고, 제시하더라도 전체 분량의 20~30%를 넘지 않는 게 좋다.

사전자료를 주고 분석한 뒤 의견을 제시하는 PT 형태라고 하더라 도 자료 분석과 정리가 핵심은 아니다. 이는 의견을 도출하기 위한 사 전 토대라는 점을 명심하면서 자료 분석과 의미도출에 해당하는 부분 은 25% 이내 분량으로 핵심만 간결하게 정리하는 것이 발표의 구성 측 면에서 좋다.

주제: 한국타이어의 글로벌 일류 기업 도약을 위한 전략 방안

GOOD "한국타이어가 글로벌 톱5에 진입하기 위해 필요한 것은 생산량 확대라고 생각합니다. 글로벌 경쟁사들의 사업 전략부터 자동차 시장의 변화까지 다양한 자료가 제시되고 있었지만, 저는 그중에서도 글로벌 일류 기업 대비 한국타이어가 갖고 있는 열위한 생산 능력과 원가 수준에 집중했습니다."

위 사례는 한국타이어 전략팀 지원자의 PT면접 사례다. 서두에 주 어진 자료를 분석하고 의미를 도출하기보다는 준비된 발표의 핵심 주 제를 던짐으로써, 면접관이 발표의 주제를 명확하게 파악하고 발표에 집중할 수 있게 만들었다. 부연 설명은 이후 차분하게 이어가면 된다.

시작부터 빠르게 치고 들어가지 않는다면 면접관은 지루함을 느낀다. 회사생활에서 핵심과 본질을 빠르게 던지지 못하는 이들은 무능하다는 평가를 받는다. 직급과 직책이 높은 사람일수록 빠른 핵심설명을 선호한다는 점을 명심하자. 열심히 준비한 만큼 자신이 파악한 자료들의 내용과 본래 알고 있던 지식을 드러내고 싶은 욕심이 생길 것이다. 그러나 그 욕심을 이겨내지 못하고 불필요한 자료 정리나 배경설명에 시간을 할애한다면, 면접관은 지루함을 느끼게 될 것이다. 자신의 견해와 근거를 확실하게 드러냈다면 주어진 시간을 다 채우지 못하더라도 오히려 좋은 PT가 될 수 있다.

형식을 버리면 PT가 쉬워진다

모든 지원자는 스티브 잡스와 같이 부드럽지만 강력한 인상으로 좌중을 몰입시키고, 오랜 시간 진행되어도 물 흐르듯 이어지는 멋진 PT를 하고 싶다는 욕심이 있다. 그러나 발표의 기회가 생길 때마다 나름대로 각고의 노력을 기울여봐도 실력이 늘 기미가 쉽사리 보이지 않는다. 모든 세상 이치가 그렇듯 접근이 잘못되면 이에 투입한 많은 시간도 의미가 없게 된다. PT를 기술적으로만 생각해 발표의 형식, 화법, 시선, 제스처 등과 같은 요소에만 신경 썼다면 실력이 늘지 않았던 것은 당연한 결과다. PT는 기술이 아니다.

주제: 코로나19 시대 이후의 은행 점포 운영 전략

BAD "안녕하십니까? ○○사 ○○직무 지원자 ○○○입니다. 저는 코로나19 사태 이후 은행이 나아가야 할 방향에 대한 제 견해를 '상황 분석'부터 시작해 '문제도출-제안 전략-세부구성-기대효과' 순서로 발표하겠습니다. 가장 먼저 문제도출에서는 현재 은행산업이 직면한 문제상황과 이로 인한 여파를 정리하고, 언택트 기술 관련 동향을 중심으로 은행 점포 운영 전략과 세분화된 전략적 방향성, 마지막으로는 기대효과와 한계점을 중심으로 발표를 진행하겠습니다. 첫 번째로 문제상황을…."

GOOD "코로나로 인해 확산된 비대면과 언택트 트렌드는 오프라인 점포 중심의 리테일 금융으로 성장한 시중 은행에 큰 위협이 되고 있습니다. 단순한 기술의 발전만으로는 경쟁 우위를 점할 수 없습니다. 저는 언택트 소비 트렌드의 변화와 오프라인 점포가 가진 한계점을 중심으로 어떤 부분에, 어떤 식의 서비스 개선을 이뤄내는 게 중요한지 제 견해를 제시해보도록 하겠습니다. 가장 먼저 우리가 주목할 언택트 소비 트렌드를 두 가지로 압축해보았습니다. 여기서 핵심은…."

첫 번째 지원자의 PT는 딱딱하기 그지없다. 지원자에게 주어진 PT 시간은 5분 남짓한데, 그중 20%를 질문 읽기와 발표 순서 낭독이라는 불필요한 형식과 구색을 맞추는 데 할애했다. 반면에 두 번째 지원자는 주어진 질문을 중심으로 지원자가 생각한 비대면, 언택트 트렌드에 대한 개선 방향과 방법을 서두에 빠르게 제시하고, 곧바로 본론에 돌입한다. 이슈에 대한 간략한 배경설명과 견해를 먼저 확실히 밝혔기 때문에 면접관은 향후 지원자가 제시하는 견해의 핵심과 발표의 흐름을 자연스럽게 짐작할 수 있게 된다.

이처럼 PT면접의 목적을 어떻게 이해하는지에 따라 지원자 간의 실력 차이는 더욱 커진다. PT면접의 목적은 지원자가 자신의 견해를 얼마나 논리적으로 제시하는지 파악하기 위해서다. 형식과 기술은 그다음의 문제다.

그럼에도 N수생들은 유튜브에서 본 PT면접의 구성을 완벽하게 지키고, 힘 있는 눈빛과 자신감 있는 어투, 멋진 오프닝과 브릿지 멘트를 소화해내야 PT를 잘하는 것이라고 생각한다. 확실한 메시지와 유기적 흐름은 버린 채 지엽적이고 부수적인 요소에만 집중해 발표의 완성도가 떨어질 수밖에 없다. 반면에 PT 고수들은 메시지와 흐름, 논리에 집중해 탄탄한 발표를 구성하는 데 초점을 맞춘다.

스티브 잡스가 뛰어난 연설가인 이유는 자신이 전하고 싶은 메시지를 가장 효과적으로 전달하는 법을 알고 있기 때문이다. 대부분의 지원자는 잡스와 같은 프리젠터가 되고 싶다면서 정작 공식처럼 굳어진 형식에 집착하고 몰두한다. 정해진 형식과 순서에 맞게 발표 내용을 채워 넣고 암기해서 기계적으로 읽는 지원자와, 자신의 메시지를 분명하게 알고 이를 유연한 흐름으로 전개하는 발표하는 실력자 간의 결과는 확연히 다르다.

주제를 중심으로 흐름을 얹고, 구성을 세분화하자

주제가 명확하면 흐름은 자연스럽게 도출할 수 있다. 그리고 전체적인 흐름을 중심으로 구조화해 내용을 확장해나가면 좋다. 앞서 제시되었던 사례를 중심으로 접근해보자. 형식은 생각하지 않아도 좋다. 대신 가장 논리적인 흐름으로 발표를 구성한다는 점에만 집중하자.

① **주제: 언택트 소비 트렌드에 따른 오프라인 점포의 기능 변화와 운영 전략**

　② 도입부: 언택트 소비 트렌드의 특징 세 가지

　　　③ 높아진 비교 가능성 / 사용 편의성이 핵심 / 오프라인 점포의 기능 변화

　② 문제인식: 언택트 시대에 기존 은행 오프라인 점포의 문제점 세 가지

　　　③ 방문 필요성 저하 / 온라인보다 복잡한 서비스 / 과도한 대기 시간

　② 인사이트 도출: 오프라인 점포의 역할과 기능 재정의를 통한 운영 전략 제안

　　　③ 개념 재정의: 금융서비스에 대한 친숙도는 높이고, 브랜드 긍정경험을 창출하는 공간

　② 세부 전략: 공간 구성 / 서비스 대응 / 운영 방식 각 요소 별 세부 내용

　② 결론: 발표 내용 정리 및 한계점이나 추가적으로 고민할 부분 등

(①-②-③, 주제-흐름-디테일의 순서로 머릿속에 구조를 그려보자.)

언택트 트렌드 확산에 따른 은행 점포 운영 전략 PT의 흐름이다. 언택트 시대의 핵심 특징들을 중심으로 현재 은행 점포의 문제점을 밝히고 있다. 그 속에서 자연스럽게 운영 전략의 방향성이 도출되고, 이러한 방향성을 중심으로 세부 전략을 구성하게 된다. '서론-본론-결론' '도입-배경설명-문제인식-의미도출-세부구성-결론' 등과 같은 형식에 집착하지 않으면 훨씬 자연스러운 발표 흐름을 구성할 수 있다.

이렇게 도출된 흐름을 중심으로 전체 내용을 구성하고, 발표 시간을 어떻게 할애할 것인지 생각하면 된다. 도입부와 문제인식은 전체 발표의 30% 이내를 할애하고, 인사이트는 PT의 핵심 주제에 해당하는 부분이니 10% 정도를, 그리고 세부 전략 설명에 50%, 마지막 요약 및 제언, 한계점 등에 10%의 시간을 배분하면 적당하다. 할당된 시간을 정확히 지켜야 된다는 강박에 시달릴 필요는 없다. 도입부는 최대한 간결하게 핵심만, 인사이트가 도출되는 부분에서는 조금 더 힘을 주어 전략의 방향성을 짧게 설명하고, 세부 전략은 단계적으로 주요 내용만 풀어준다는 식으로 접근하면 자연스럽게 힘을 줄 부분과 뺄 부분이 보인다.

PT 고수가 되는 가장 효과적인 방법

실전은 연습의 80%만 해도 충분히 잘했다는 생각으로 접근하자. 준비한 모든 멘트와 핵심요소를 구석구석 완벽하게 짚고 싶은 욕심은 알겠지만, 모두가 알다시피 욕심껏 한다고 만족스러운 면접 결과가 찾아오진 않는다. 하지만 조금만 욕심을 덜면 보다 쉽게 발표력을 향상시킬 수 있다.

머릿속에 구조를 그려라

준비된 발표 내용을 순서대로 암기하려고 하면 부담감만 커진다. 중요한 내용을 까먹거나 빠뜨리는 경우도 다반사다. 세세한 내용에 집중

발표 전체의 흐름과 구성 예시

언택트 시대 은행의 오프라인 점포 운영 전략

∨

언택트 시대의 핵심 특징 세 가지 비교 가능성 / 사용 편의성 / 오프라인 점포 기능 변화

∨

오프라인 점포의 문제점 세 가지 방문 필요성 저하 / 복잡한 서비스 / 과도한 대기시간

∨

긍정 경험, 금융서비스 친숙도 상승의 공간 공간 구성 / 서비스 구성 / 운영 전략

하기보다는 발표 전체의 흐름과 구성을 머릿속에 넣자. '언택트 특징 정리 – 은행 점포의 문제점 정리 – 주제 도출 – 각 요소별 세부 전략'의 큰 뼈대를 세우자. 주제와 흐름을 구성할 때부터 가장 논리적이고 자연스러운 흐름을 고민했기 때문에 어렵지 않게 구조를 그릴 수 있다.

각 흐름별로 주요 키워드에 집중한다

흐름별로 반드시 짚어줘야 되는 내용들을 체크한다. 언택트 특징 세 가지, 은행 점포의 문제점 세 가지, 새로운 점포 운영 전략의 핵심 키워드와 세부 전략 3요소들을 앞서 머릿속에 그린 구조를 중심으로 배치한다. 대부분의 PT면접은 제한된 시간이 있기 때문에 이것만으로도 발표 준비는 충분하다. 중요한 것은 세세한 멘트와 발표 매너가 아니라 주제를 전달하기 위한 논리적인 흐름과 핵심적 요소들이기 때문이다.

전체적인 흐름과 핵심 키워드를 중심으로 발표를 연습해보자

가장 중요한 뼈대와 각 부분마다 짚어줘야 하는 핵심요소들을 중심으로 말을 만드는 연습을 해보자. 미리 대본을 쓰는 게 아니라 주어진 키워드를 바탕으로 순발력 있게 말하는 연습이다. 생각보다 어렵지 않다. 갑작스럽게 제시된 생소한 키워드로 순발력 있게 말을 만드는 게 아니라 이미 머릿속에 충분한 근거와 생각을 바탕으로 구성된 흐름과 키워드를 이어 붙이는 연습이기 때문이다.

구조화면접, 인생기술서 기반의
경험 고찰이면 충분하다

지원자는 습관적으로 감정을 중심으로 경험을 설명한다. 당시에 느꼈던 강한 감정이 해당 경험을 기억하는 기준점이 되기에, 경험 관련 질문에 당시의 감정과 느낌을 중심으로 답변하게 되는 것이다. 그러나 전후 사정을 모르는 면접관의 귀에는 이러한 이야기가 전혀 들어오지 않는다. 지원자가 느꼈던 감정을 면접관에게도 전달하기 위해서는 그렇게 느꼈던 '구체적인 상황과 근거'를 중심으로 답변해야 한다. 그래야 면접관도 구체적인 상황과 근거를 바탕으로 지원자의 생각이나 감정, 논리에 공감할 수 있다.

감정을 느끼게 된 상황과 근거 위주로 말하라

Q. "어려움을 극복했던 경험이 있나요?"

BAD "교환학생 당시 언어의 장벽으로 인해 큰 어려움이 있었습니다. 현지 외국인들은 저를 상대해주지 않았고, 저를 도와줄 사람이 없어 막막함을 느꼈을 뿐만 아니라 교수님은 수강 철회를 권유했습니다. 하지만 포기하지 않고 도전하겠다는 마음으로 노력했고, 마침내 두려움을 극복하고 좋은 성적을 받을 수 있었습니다."

BAD "데이터에 대한 관심이 생겨 문과생임에도 불구하고 컴퓨터공학과 수업을 수강했습니다. 해당 수업을 듣는 문과생은 저 혼자였고, 기본 지식도 없어 막막했습니다. 수강 철회를 생각했지만 스스로 내린 결단이 무색해지는 것을 두고 볼 수는 없었습니다. 남들보다 더 많이 노력하면 해낼 수 있다고 생각했고, 컴퓨터공학과 전공자들보다 2배, 3배 더 많이 노력함으로써 결국 A학점을 받을 수 있었습니다."

GOOD "컴퓨터공학 지식에 대한 필요를 느껴 호기롭게 수업을 수강했지만 기본적인 내용을 따라가기에도 버거웠습니다. 이대로는 학점도 지식도 모두 놓칠 것 같았습니다. 그래서 수업과 별개로 사설 학원에서 진행하는 온라인 컴퓨터공학 기본 과정을 수강해 틈틈이 공부했습니다. 학교 수업은 커리큘럼을 통해 배울 내용을 미리 선행학습을 해 수업이해도를 높였고, 이해도가 높아지니 모르는 내용은 주변 수강생들에게 물어 볼 수 있었고, 학기 말에는 평균 이상의 성적을 받을 수 있었습니다."

먼저 나온 두 지원자 모두 자신이 느낀 어려움이라는 감정에 초점을 맞춰 상황을 설명하고 있다. 내용은 길지만 결국 불굴의 의지로 참고 좋은 결과를 얻었다는 혼자만의 해피엔딩이다. 지원자가 보여주고 싶었던 게 막막함을 극복한 스토리라면, 어떤 점 때문에 막막했고 그런 막막함을 어떤 행동을 통해 극복했는지 구체적으로 이야기하는 데 집중해야 한다. 그래야 면접관은 지원자가 겪은 상황과 극복 경험에 공감하고, 지원자에 대한 판단을 내릴 수 있게 된다. 위와 같이 자신의 감정에만 취해 있는 답변은 면접에 아무런 도움이 되지 못한다.

반면에 세 번째 지원자의 답변에서는 어떤 노력을 어떻게 기울였는지 구체적인 사실이 드러난다. 이는 면접관이 지원자의 노력 정도를 파악할 수 있는 근거가 된다. 당시의 힘들었던 상황을 생각하며 감정에 호소할 필요도 없다. 면접관에게 필요한 건 지원자가 느낀 힘든 감정이 아니라 판단에 필요한 구체적인 상황과 근거이기 때문이다.

Q. "협업을 통해 좋은 결과를 냈던 경험이 있나요?"

BAD "동아리 행사를 기획할 때 예산과 인원 부족으로 어려움이 있었습니다. 1년에 한 번 선후배가 전부 모이는 큰 행사였기에 철저한 준비가 필요했습니다. 저는 동아리원들과 머리를 맞대 해결 방법을 찾기로 했습니다. 모두의 의견을 최대한 수렴함으로써 참여를 독려하고자 했고, 그렇게 다양한 생각과 의견, 아이디어들을 한데 모아 위기를 타개할 수 있는 방안을 찾을 수 있었습니다. 결국 처음의 어려움을 모두 뛰어넘고 100여 명의 인원이 참석한 행사를 성공적으로 개최할 수 있었으며, 참여한 모든 동문들에게서 역대급 행사라는 극찬을 받기도 했습니다."

"1년에 한 번 열리는 동아리 대규모 행사 준비 당시, 턱없이 부족한 예산과 10명 내외의 부족한 준비 인원, 촉박한 준비기간 때문에 어려움을 겪었습니다. 효율적 준비를 위해서는 역할분담이 필요했습니다. 3명을 한 팀으로 해 스폰서십팀, 행사준비팀, 홍보팀으로 역할을 구분했습니다. 저는 각 팀의 업무 진행상황을 파악하면서 일손이 부족하거나 도움이 필요한 경우 지원했고, 1주에 2회는 다 같이 모여 진행상황을 공유해 손발을 맞춰나갔습니다. 분명한 역할분담과 전체적인 진행상황 공유가 어우러져 짧은 시간 동안 100만 원의 스폰서십과 행사 참가자 50명이라는 결과를 이끌어낼 수 있었다고 생각합니다."

첫 번째 답변은 무슨 소린지 하나도 알아들을 수가 없다. 지원자는 당시 동아리원들과 일사불란한 움직임으로 행사를 성공시킨 경험을 잘 전달했다고 생각하겠지만, 상황 설명을 지나치게 생략해 면접관은 무슨 협업을 어떻게 했다는 것인지, 어떤 아이디어를 어떻게 기획했다는 것인지 알 수 없다. 성공이라는 감정과 결과에만 집중해 면접관에게 어떤 판단의 근거도 제시하지 못한 답변이다.

면접관이 궁금한 것은 지원자가 '어떤' 협업을 통해 좋은 결과를 냈는가다. 두 번째 답변처럼 동아리원들과 어떻게 협업했으며, 그 과정에서 지원자는 어떤 역할을 해냈는지 구체적으로 드러내는 것이 핵심이다. 당시의 감정과 어려움을 떠올리며 피상적으로 답변을 내뱉는 게 아니라, 구체적인 사실과 근거 중심으로 당시의 상황과 행동을 질문에 맞게 설명하자. 구체적인 사실이 없다면 면접관들은 지원자에 대해 어떤 판단도 내릴 수 없다.

경험에 기반해 생각을 드러내는 연습이 필요하다

GOOD "다양한 아르바이트를 경험해보면서 좋아하는 일을 해야 꾸준히 몰입할 수 있다는 것을 느꼈습니다. 음식점이나 주점에서 일할 때는 출근하기 싫었습니다. 그런데 의류 매장에서 일할 때는 판매에서 오는 성취감에 힘든 줄도 모르고 일했습니다. 평소 옷에 관심이 많았기에 상품 카탈로그를 외우는 것도 제겐 흥미로웠습니다. '어떻게 하면 더 많이 팔 수 있을까?' 누가 시키지 않아도 스스로 고민해보곤 했습니다. 이러한 경험으로 직장을 선택할 때 페이나 조건과 관계없이 좋아하는 일을 해야겠다고 마음먹게 되었습니다."

삶의 과정에서 지원자가 얻게 된 생각이 잘 드러난다. 언제 어떤 상황에서 귀찮았고 즐거웠는지 구체적으로 잘 언급했다. 위와 같은 생각을 "지원 회사에서 일하게 되는 것은 즐겁고 가슴 뛰는 일입니다. 몰입해서 잘해낼 자신이 있습니다."라는 식으로 연결해 자신감 넘치는 포부도 자연스럽게 연출할 수 있다. 위 지원자는 자신의 삶과 그 안에서 도출된 자신만의 교훈을 있는 그대로 드러내는 데 탁월했다. 그리고 수도권 대학 출신으로 인턴 경험도 없이 코로나를 뚫고 중견기업 B2B영업팀과 재무팀 두 곳에 중복 합격했다.

> **GOOD** "대학생 때 기업과 협업해 동아리 보물찾기 이벤트를 진행한 적이 있습니다. 이벤트를 성공적으로 이끌고 뒤풀이를 하게 되었는데 후배들에게서 아쉬움 섞인 불만을 들었습니다. 처음엔 기업을 대상으로 광고기획안을 작성하고 협의하는 과정은 어려움이 있어 신입부원들 대신 간부들끼리 하는 것이 더 효과적이라고 생각했습니다. 하지만 동아리원들은 기획안이 어떻게 구성되고 작성되는지, 실제 회사 실무자와의 협의는 어떻게 진행되는지 알고 싶었다고 했습니다. 전체적인 프로세스에 함께 참여하고 싶었음에도 행사 홍보와 준비과정에만 투입되어 아쉬움이 컸다는 이야길 듣고 부끄럽게 느껴졌습니다. 앞에서 끌고 가는 리더의 역할도 중요하지만 팀에게 더 의미 있는 결과를 얻기 위해서는 목표와 과정도 공유할 수 리더가 되어야 함을 되새길 수 있었습니다."

동아리 행사 이후 있었던 일화를 통해 지원자의 생각을 드러낸 답변이다. 구체적인 상황이 잘 드러나 말미에 제시된 지원자가 느낀 교훈도 충분히 설득력 있게 다가온다. 이렇게 자연스럽게 도출된 경험과 생각은 "리더십이란 무엇이라고 생각하나요?" 혹은 "팀워크에서 중요한 요소는 무엇이라고 생각하나요?"와 같은 질문에 고스란히 제시하면 그 자체로 훌륭한 답변이 될 수 있다.

GOOD "전공 수업 과제로 이베이에서 립스틱을 판매한 경험이 있습니다. 당시 전문 리셀러들이 대량구매를 통해 가격 경쟁력을 확보하고 있어 틈새를 찾기 어려웠습니다. 하지만 주요 판매처 10곳의 판매 품목이 핑크코랄 등 한·중·일 고객이 선호하는 주요 컬러에 집중된다는 점을 발견했습니다. 피부톤이 다양한 동남아 고객을 타겟으로 누드색, 보라색 등 비주류 컬러로 접근해보면 어떨까 생각하게 되었습니다. 실제로 '100가지 피부색, 100가지 아름다움'이라는 판매 포인트를 잡고 비주류 컬러 위주로 판매를 개시했고, 가격 할인 없이 4건의 판매 기록을 낼 수 있었습니다. 틈새는 분명히 있다고 생각합니다. 이 경험으로 부지런히 찾고 고민하는 만큼 결과를 낼 수 있다는 자신감을 얻게 되었습니다."

지원자가 수업과정 중 하나였던 판매 프로젝트를 진행하며 직접 경험한 일을 자연스럽게 풀어낸 답변이다. 위 답변에서 핵심은 말미에 나오는 주제지만, 경험을 통해 도출된 주제나 생각을 먼저 제시하고 경험을 뒤이어 이야기하면 "가장 기억에 남는 경험은 무엇인가요?" "의미 있는 경험이 있나요?" "직무를 수행하는 데 가장 필요한 태도는 뭐라고 생각하나요?"와 같은 질문의 답변으로도 제시할 수 있다.

상기 답변 내용은 4건밖에 안 되는 판매실적임에도 실제 H사 합격자가 자소서와 면접에서 수도 없이 활용했던 사례다. 면접관은 때로는 성과의 크기보다 지원자의 생각과 태도에 더 큰 중점을 둔다는 점을 잊어서는 안 된다.

GOOD "창의적 공학설계 수업 수강 당시 RC비행기의 설계, 조립, 운전 과제를 수행했습니다. 저희 조는 실제 비행기 같은 외관을 만드는 데 집착한 나머지 헤드 부분을 크게 설계했습니다. 결국 무게중심이 앞으로 쏠려 얼마 날지 못하고 계속해서 프로펠러 부분으로 추락했습니다. 가장 무게가 많이 나가는 모뎀과 수신기 배터리를 기존의 위치보다 뒤에 배치해봤지만, 비행 시간이 약간 늘어났을 뿐 문제는 여전했습니다. 기체에 손상을 가하지 않고 무게중심을 수정할 수 있게 고안한 방법은 가정에서 못 대신 쓰는 접착용 점토였습니다. 비행기의 몸체를 여닫을 수 있는 경첩 형태로 개조한 뒤 점토에 쇠구슬을 매몰해 몸체에 조금씩 추가했습니다. 6번의 시도 끝에 적절한 무게중심을 구현할 수 있었습니다. 평가 당일, 비행기는 단 한 번의 오착륙 없이 비행에 성공했습니다. 조금만 다르게 생각하면 쉽게 해결할 수 있는 일이 많다는 것을 느꼈습니다. (창의는 대단한 것이 아니라 한번 다르게 생각해보는 시도에서 비롯된다고 깨닫게 된 계기입니다.)"

위 내용은 K건설사 합격자가 수업 내 수행했던 프로젝트 경험을 돌이켜보면서 그 과정과 마지막에 느낀 교훈을 있는 그대로 답변한 내용이다. 문과생, 공대생 역시 접근은 동일하다. 괄호 안의 내용은 자연스럽게 도출된 교훈을 토대로 창의의 의미를 재해석한 내용이다. 괄호 안의 문장을 중심으로 "지원자가 생각하는 창의란 무엇인가요?" "창의성을 발휘해 문제를 해결한 경험이 있나요?"라는 질문에 답변으로 제시할 수 있을 것이며, 직무역량을 묻는 질문에 항상 다른 관점에서 문제를 바라보는 시각을 갖추고 있다고 대답할 수도 있다.

인생기술서의 매력에 빠지면 구조화면접도 손쉽게 끝낸다

무엇을 어필할 것인지 고민하는 게 아닌, 경험 자체를 깊이 있게 돌아보고 복기해보는 과정 자체가 사실을 기반으로 한 스토리텔링 능력을 더욱 공고히 만든다. 피상적인 감정의 서술에서 벗어날 수 있는 가장 빠른 방법이다. 인생기술서를 중심으로 철저한 자기학습을 해낸다면 "가장 힘들었던 경험은 무엇인가요?" "어떤 상황이었나요?" "어떻게 어려움을 돌파했나요?" "수행과정에서 가장 기억에 남는 순간은 무엇인가요?" "얼마의 시간이 걸렸나요?" 등과 같이 하나의 질문에 뒤이어 끊임없이 이어지는 구조화면접도 손쉽게 대비할 수 있다. 지원자에게 부족한 것은 순발력이 아니라 부족한 '자기이해'다. 내가 나를 모르는데 없던 순발력이 생길 리 만무하다.

인생기술서 작성법은 필자의 전작 『취업 끝판왕 옴스에게 배우는 스펙을 뛰어넘는 자소서』를 참고하면 좋다. 브런치와 블로그에서도 관련 글과 파일 양식을 다운로드할 수 있으니 참고하기 바란다. 이 같은 준비로 자신을 알아가는 시간이 반복되고 퇴적되는 과정에서 100문 100답

이 아닌 1답으로 100문에 대처할 수 있는 내공이 자연스럽게 쌓일 것
이다.

조사가 이미 어느 정도 셋업된 스페인 국가 담당자의 메일 내역을 보면서 조사 셋업 절차와 정확히 어떤 자료를 전달해야 하는지 알아보았다.

1. 좌담회 Moderator 선정: CV 주고받아야 함
2. 정성 조사 일정 정하기: 매장 방문>FGD>IDI>보고서 순으로 진행
3. 매장 방문: 매장 방문 가이드, 지난 조사 때 방문했던 매장 리스트, 원하는 사진의 예시 (매장을 방문하면서 찍은 사진들을 보고서 내에 실제로 써야 하기 때문에 정확히 어떤 정보물을, 어떻게 찍어야 하는지 등 알려줘야 되어서 상당히 귀찮았음)
4. FGD(소비자 좌담회): 참석자 선별 가이드, FGD 진행 가이드, 참석자용 사전 과제, FGD 진행 보조자료물, 좌담회 참석자 명단
5. IDI(판매원 좌담회): 참석자 선별 가이드, IDI 진행 가이드, IDI 진행 보조 자료물, 좌담회 참석자 명단
+ 선별 가이드, 진행 가이드는 Global format으로 나라별에 따라 방문 매장, 물어봐야 할 질문 등 세부사항을 수정해 전달해야 했다.
6. 브리핑 진행: Moderator+○○○ Korea+○○○ UAE 다같이 일정 잡음
7. 보고서 작성: 정성조사 1차 써머리 보고서, 국가 보고서, 보고서 작성법

대충 이렇게 파악한 각 절차와 필요한 서류들을 엑셀에 기입한 뒤 순서를 따라감. 엄청 어렵고 복잡해 보이는 일도 이렇게 차근차근 정리하니까 내가 뭘 해야 하는지 파악이 되었다.
아 그리고 매장 방문, FGD, IDI 정성조사는 연달아 진행되기 때문에 차질 없이 진행되려면 세 가지를 동시에 진행해야 했다. 그러다 보니 전달해야 되는 문서도 많고 각 파일에 대해 안내사항을 줄줄줄 써서 전달하려고 하다 보니 이메일이 굉장히 지저분해지고 가독성이 떨어졌다. 그리고 PPT나 사진 파일의 경우 용량이 커서 대용량 메일로 보내고, 문서는 메일에 바로 첨부하고 이러니까 UAE 담당자가 파일을 못 찾거나 혼돈하는 경우가 생겼다. 중요한 파일과 각 조사 및 이에 필요한 안내사항을 직관적으로 바로 찾을 수 있고 알아보기 쉬운 이메일 형식을 고민했었다.

옴스의 블로그에서 인생기술서 양식을 다운받으세요!

5장

면접의 격을 높이는 면접 기술

박찬호 vs. 박새로이
어떤 지원자가 되겠습니까?

임진주 　감독님, 사랑이 뭐예요?

손범수 　대뜸? 공통된 정의는 없는 것 같긴 한데. 뭐 내 경우에는. 여기에,

　　　　마음에. 그 사람이 가득한 것.

임진주 　심장이 터질 것 같아요, 뭐 그런 거요? 그럼 사귀는 게 뭘까요?

손범수 　마음을 나누고, 그 마음을 다른 사람과 동시에 나누지 않고, 마음

　　　　이 흔들리지 않도록, 그 의무를 상대에게 요구할 수 있는 어느 정

　　　　도의 권리도 가지게 되고.

임진주 　이럴 땐 단순하게 말하는 게 멋있을 수도 있어요.

176

손범수　　세상에서 제일 좋은 거.

임진주　　세상에서 제일 좋은 거. 해요, 우리.

　드라마 〈멜로가 체질〉 속 손범수 감독과 임진주 작가가 서로의 사랑을 확인하고, 만나러 가는 길에 나누는 통화 내용이다. 사귀는 게 뭐냐고 묻는 임진주의 질문에 손범수는 장황하게 말을 늘어놓는다. 손범수의 장황한 표현에 답답함을 느낀 임진주가 핀잔을 주자, 그제서야 손범수는 정답을 이야기한다. 정답은 화려하고 장황한 미사여구보다 강한 직설적 호감 표현이었다.

　불필요한 장황함이나 말 늘이기는 화자의 저의를 의심하게 만들고, 시간이 조금만 지나도 청자는 화자의 논지를 잊게 된다. 반면에 간결하고 직설적인 표현은 빠르게 와닿는다. 에둘러 표현하지 않고 솔직하게 말하기 때문에 청자는 의도를 파악하기 위해 고민할 필요도 없다. 심지어 가감 없는 화법에서 느껴지는 화자의 당당한 태도에 매력이 느껴지기까지 한다.

장황해지는 순간 전달력도 진정성도 떨어진다

Q. "대구 지역에서 현대백화점이 상권을 빼앗기지 않으려면 어떻게 해야 할까요?"

BAD

"대구 현대백화점이 위협을 받고 있는 것은 사실입니다. 하지만 이것은 결국 타깃이 갈리는 시점이라고 생각합니다. 유통 트렌드의 변화 속에서 현대백화점을 이용하는 진성고객, 충성고객이 구별되는 과정 중 일부라고 생각합니다. 실제 그러한 다양한 경험과 체험을 바탕으로 신세계백화점이 밀어붙이고 있지만, 이용하는 고객군은 확연히 차이가 납니다. 아무래도 신세계백화점은 자녀를 둔 20~30대들이 주로 이용하고 현대백화점 같은 경우에는 40~50대의 부모님 연배의 어르신들이 더욱 자주 이용하는 것 같습니다. 백화점 입장에서는 매출이 가장 중요합니다. 객단가가 높은 이러한 고객층들이 주로 방문하는 것은 매출은 다소 정체되거나 유지되더라도 실제 영업이익률, 마진율은 높아지는 방법이기에, 현대백화점 대구점도 충분히 가능성이 있다고 봅니다."

현대백화점 임원면접에서 한 지원자가 했던 답변이다. 보통 지원자는 질문을 받으면 하고 싶은 말이 많아진다. 뚜렷한 계획은 없지만 우선

입을 떼기 시작하고, 머릿속에 떠오르는 말을 생각나는 대로 쏟아낸다. 무엇이 핵심 메시지라는 뚜렷한 뼈대 없이 운을 떼기 시작한 지원자는 불현듯 '내가 무슨 말을 하고 있는 거지?'라고 생각하며 뒤늦게 문제의 심각성을 눈치챈다. 너무 먼 길을 와버려 어떻게 수습해야 되는지 혼란스러운 채로 서둘러 답변을 마무리하지만 애초에 무슨 말을 하려고 했던 것인지, 핵심이 무엇인지 자신도 모른다. 평소에는 쓸데없이 말 많은 사람은 딱 질색이라던 지원자들이 면접만 가면 박찬호급 투머치토커로 돌변한다. 만약 아래와 같이 답변했다면 어땠을까?

> **GOOD**　"잘하는 것에 더욱 집중할 필요가 있습니다. 경쟁사인 신세계백화점은 20~30대에 강하지만 현대백화점은 구매력이 좋은 40~50대를 주 고객으로 합니다. 더 확실한 멤버십 서비스 강화와 고급스러운 쇼핑환경 조성을 통해 방문 빈도를 높인다면 승산이 있다고 생각합니다."

핵심이 무엇인지 명료하게 파악된다. 잘하는 것에 집중하자는 메시지를 먼저 제시한 뒤, 현대백화점이 잘하는 것은 무엇이고 어떻게 운영하면 좋을지 순차적으로 설명했다. 이처럼 명확한 주제를 먼저 던지게 되면 메시지를 확실하게 전달할 수 있을 뿐만 아니라 이후 이어질 답변의 방향성도 보다 명확해진다. 주제와 무관한 불필요한 이야기를 장황하게 늘어놓을 가능성도 줄어들게 된다.

Q. "자신만의 장점이 있다면 무엇인가요?"

BAD "운동이든 공부든 뭐든 빠르게 흡수하고 제 것으로 만듭니다. 몇 초 만에 물을 빨아들이고 부드럽게 보호하는 스펀지를 닮았습니다. 필요한 지식과 정보를 빠르게 흡수할 수 있기에 학업이나 업무에 있어서도 빠른 습득력을 자랑합니다. 일본에서 근무할 때도 업무에 사용되는 실무용어를 듣고 틈틈이 암기하며 현지인 동료들과의 업무적 소통에 문제가 없도록 만들었습니다. 머금고 있다가 필요한 순간 짜내면 뿜어져 나오는 스펀지처럼 습득과 방출이라는 피드백을 수행합니다. 또한 부드러운 탄성으로 외부 충격을 완화시키며 갈등을 방지합니다."

GOOD "빠른 흡수력입니다. 공부도, 업무도 개념을 빠르게 파악해서 곧바로 적용할 수 있습니다. 일본 ○○사에서 근무할 때, 사내에서 쓰는 업무 프로그램뿐만 아니라 전체 업무 프로세스, 유관부서와의 업무관계를 빠르게 파악해 입사 3개월 만에 고객사의 생산일정 지연 문제를 해결했던 적도 있습니다."

두 지원자 모두 자신의 장점으로 흡수력을 내세웠다. 첫 번째 답변은 초반부에 자신의 흡수력이 좋다는 점을 내세운 뒤 구체적인 사례를 이어가다 보니 핵심이 흐려지고, 답변도 장황해졌다. 반면 두 번째 답변처럼 흡수력이라는 장점을 빠르게 제시하고 곧바로 면접관이 납득할 수 있을 만한 근거를 제시한다면, 전달할 메시지와 내용 모두를 단번에 전달할 수 있다.

핵심만 말하려면 어떤 변화가 필요할까?

삼성그룹의 이건희 회장과 관련된 유명한 일화가 있다. 이건희 회장은 계열사 사장에게도 1분 이상 보고를 받지 않는다는 것이다. 보고자가 수백 장 분량의 내용을 준비했더라도 핵심이 분명하지 않다면 세부 내용은 볼 필요도 없다는 의미다. 중요한 건 핵심이다. 핵심은 장황할 필요가 없다. 핵심 위주의 간결한 화법은 어떤 질문에도 적용할 수 있다. 질문을 듣는 도중 서둘러 입을 떼지 말고 우선 끝까지 들은 다음, 질문에서 요구하는 답변의 핵심을 제시하자. 이후 차분하게 근거와 사례를 덧붙이면 충분하다.

1) 질문을 끝까지 듣는다. 숨겨진 의도를 파악하려 하지 말고, 질문에서 요구하는 답변이 무엇인지 파악한다.

2) 질문에 대한 답변을 핵심만 간결하게 제시한다. 필요한 근거나 사례는 뒤이어 이야기한다.

욕심껏 이야기할수록 탈락할 확률이 높아진다는 사실을 잊지 말자. 매사에 핵심이 무엇인지 생각하고 던지는 연습이 필요하다. 위에서 언급한 2단계 접근법으로 앞으로 등장할 사례들을 파악하고 참고해 답변을 연습해보자.

무엇을 변화시켰는지 묻고 있다. 이에 맞는 답변의 틀은 다음과 같다. "○○사에서 무언가를 어떻게 변화시켰던 적이 있다." 먼저 바뀌기 전 기존의 무언가에 대해 언급하고 그다음 무엇을 어떻게 변화시켰는지 제시하면, 간결하지만 구체적으로 답변할 수 있다. 위 답변은 상황을 모르는 면접관도 이해할 수 있게 구체적인 사실 중심으로 잘 구성되었다.

위의 사례는 고객과 내부 직원 사이에서 중립을 지키는 것이 어려웠다는 핵심 답변을 서두에 던졌다. 그렇게 생각한 이유를 간략히 덧붙였고 뒤이어 업무적으로 어떤 상황이 생기는지 예시로 설명했다. 짧지만 핵심을 담은 답변으로 면접관은 지원자가 느꼈던 어려움을 쉽게 이해할 수 있다. 지원자의 답변을 보면 CS담당자로서 필요한 태도에 대한 성찰이 자연스럽게 드러난다. 긍정평가 요인이 될 수 있는 부분이다. 이런 순발력은 그냥 나오지 않는다. 평소 인생기술서를 기반으로 자기경험을 성찰하고 해석하는 과정을 통해 얻은 결과물이다. 아마 일반적인 지원자였다면 "처음 맡아보는 낯선 업무라 막막했다."라고 이야기했을 것이고, "막막했지만 야근을 불사하며 공부하고 노력해서 해냈다."라며 형식적이고 차별성 없는 극복 경험을 내놨을 것이다.

> **Q. "이전 회사를 그만두고 삼성전자에 지원하게 된 이유는 무엇인가요?"**
>
> **GOOD** "①최고가 되고 싶어서 지원했습니다. ②개인적으로 직무 분야에 대한 욕심이 컸지만, 기술의존도가 낮은 부품만을 생산하는 중소기업이었기 때문에 새로운 기술을 학습하고 경험해볼 기회가 많지 않았습니다. 세계 최고 수준의 공정과 기술력을 가진 삼성에서 많이 자극받으며 최고의 엔지니어가 되고 싶다는 생각으로 과감하게 퇴사 후 취업을 준비하게 되었습니다."

삼성전자 품질 직무에 합격한 지원자의 답변이다. 처음에는 삼성의 반도체 기술력, 스마트폰 하드웨어 경쟁력과 관련된 내용으로 지원동기를 준비했지만 확실하게 와닿지 않았다. 그래서 중소기업에 근무하며 느꼈던 아쉬움을 더 직설적으로 드러내라고 조언했고 면접에서도 잘 먹혔다. 솔직함은 에둘러 표현하면 전달되지 않는다. 지원자가 느꼈던 아쉬움을 있는 그대로 가감 없이 제시한 것이 주효했다.

**Q. "대기업 해외영업을 하다가
주목받지 못하는 교직원에 지원한 이유는 무엇인가요?"**

GOOD "① 스포트라이트를 받지 못하는 건 사실입니다. 하지만 **제게 일은 주목받는 것보다는 어떤 의미가 있는지가 더 중요합니다.** ② 교직원은 대학교 행정의 효율화와 선진화를 통해 대한민국의 최고의 지식과 리더를 양성하는 기반을 만드는 일입니다. 수조 원대 수출실적을 올리던 해외영업을 했었지만 교직원의 업무가 더욱 크고 가치 있는 일일 수도 있다고 생각합니다."

교직원 최종 면접에서 면접관은 지원자에게 대기업에서 큰일을 했었는데 교직원 업무에 만족할 수 있겠냐는 질문을 던졌다. 이는 지원자의 직무에 대한 생각을 묻는 대표적인 질문이다. 지원자는 평소 직무 자체의 역할과 중요성을 중심으로 고민한 결과물을 핵심으로 답변했고, 그렇게 생각하는 구체적인 이유를 덧붙였다. 일의 중요성을 의미에 둔다는 주제, 교직원이 어떤 의미가 있는지 유기적 구성과 간결한 답변으로

좋은 인상을 남겼다. 후문에 의하면 면접관은 지원자의 답변에 좋은 인상을 받고 본인의 생각이 맞는지 물었다고 한다.

장황한 설명과 함께 중언부언하고 말을 빙빙 돌리는 이들에게는 질문을 던지고 싶지 않다. 무슨 말을 하는지도 모를뿐더러 한정된 면접시간을 허투루 쓰고 싶지 않기 때문이다. 반면에 간결함은 면접관들의 고개를 들게 만든다. 쉽고 명료하게 다가오는 주제와 근거가 귀에 팍팍 꽂히기 때문이다.

촌철살인과 위트 하나면
면접관의 눈빛이 바뀐다

외모를 불문하고, 시대가 변해도 많은 사람들에게 인기를 끌고 사랑받는 이들이 있다. 바로 재미있는 사람이다. 물론 개그맨 수준의 개인기와 콩트, 슬랩스틱을 원하는 것은 전혀 아니다. 웃음은 생각지도 못했던 상황에서 예상을 깬 반전에서 터져 나온다. 특히 시종일관 진지한 분위기 속 재치 있는 답변 하나는 무겁기만 했던 분위기를 누그러뜨린다. 위트에는 잔뜩 긴장하고 위축되어 있던 사람들의 마음을 풀어줌으로써 생각지 못한 미소를 짓게 만드는 마법 같은 힘이 있다. 그리고 무겁기만 하던 분위기를 환기시켜준 사람을 보는 시선이 달라지기 시작한다.

하루 8시간 면접장에 앉아 천편일률적인 경험과 역량, 성취를 늘어놓는 지원자들을 보고 있는 면접관들의 따분함과 지루함은 말로 다 표현할 수 없다. 면접장에 앉아 있는 지원자들의 99%가 취미는 신문 읽기, 단점은 완벽 지향, 심신의 피로는 꾸준한 운동으로 푼다고 하니 그 지루함을 일일이 말로 표현할 필요가 있을까? 확실한 건 두 가지다. 대부분의 지원자는 시종일관 심각해서 부담스럽다는 것, 그리고 너무 뻔하고 고리타분해 인간적 매력도 떨어진다는 사실이다.

시종일관 진지할 필요는 없다

Q. "가장 스트레스를 받을 때는 언제인가요?"

BAD "일이 계획한 대로 풀리지 않을 때 스트레스를 받는 편입니다. 업무과정에서 유사한 상황을 빈번하게 마주하면서, 언제나 계획대로 일이 풀리는 것은 아님을 인정하며 스트레스를 관리해오고 있습니다."

GOOD "맛없는 것을 먹을 때 스트레스를 가장 많이 받습니다. 물만 먹어도 살이 찌는 체질이라 하루에 두 끼만 신경 써서 찾아 먹는데, 맛없는 음식을 먹게 되면 억울해서 스트레스를 받는 것 같습니다."

스트레스를 물어보면 십중팔구 '업무가 계획대로 진행되지 않아서'

가 등장한다. 결국 업무와의 연관성과 약점을 극복한 사례로 흘러버린다. 면접관은 "그런 거 말고 평소에 받는 스트레스는 없어요?"라고 다시 질문을 던지지만 예상했던 바와 같이 "긍정적인 편이라 특별히 스트레스받는 일은 없습니다."라는 식의 답변이 돌아온다.

두 번째 사례는 삼성그룹 계열사 면접관들의 잇몸을 만개시켰던 지원자의 답변이다. 자신이 일상 속에서 느끼는 스트레스를 있는 그대로 표현했다. "물만 마셔도 살찐다." "하루에 두 끼를 찾아 먹는다."와 같은 구체적인 표현을 사용해 내용이 더욱 생생하게 들린다. 면접관이 별것 아닌 질문을 던지는 이유는 지원자의 색깔을 알고 싶기 때문이다. 촌철살인 위트가 필요한 이유다.

Q. "이전 회사는 지원자가 나온 후로 어떤 점을 아쉬워할까요?"

GOOD "제가 개그 욕심이 있어서 개그로 사무실 분위기를 많이 띄웠었는데, 이제 분위기메이커가 없으니 다들 많이 아쉬워할 것 같습니다."

바로 전에 등장한 지원자와 동일인물이다. 면접 내내 재밌는 답변만 해서 붙었다고 말하려는 게 아니다. 면접은 2 대 1로 30분간 진행되었고 그중 촌철살인 위트를 보여준 일부 사례만 제시한 것이다. 오랜 시

간 진행되는 면접에서 자신의 뛰어난 실력과 역량을 시종일관 진지하게 보여줄 필요는 없다는 것이 포인트다. 아이스브레이킹은 면접관의 웃음을 이끌어내 지원자의 긴장을 녹아내리게 만들고, 얼었던 입이 풀리게 하는 마중물이 된다. 촌철살인 위트는 면접관에게나 본인에게나 면접 분위기를 좋게 만드는 윤활유다.

Q. "내성적이라고 했는데 유학을 떠나게 된 이유는 무엇인가요?"

BAD "큰 땅에서 많은 것들을 보고 느낄 필요가 있다고 생각했습니다. 그래서 부모님께 직접 해외연수를 가고 싶다고 말씀드리고 유학을 가게 되었습니다. 거기에서 정말 다양한 사람들을 만나 생각을 나누면서 열린 사고와 문화에 대한 포용력을 키울 수 있었습니다."

GOOD "처음엔 저도 가기 싫었지만 아버지가 주재원이 되셔서 억지로 함께 가게 되었습니다. 그런데 타의로 마주하게 된 낯선 환경에 적응하면서 한국에 있었다면 일어나지 않았을 성격과 가치관의 변화가 생겼습니다. 자신만의 관점에서 하고 싶은 것만 좇기 보다 때로는 새롭고 낯선 것들을 마주해보는 것도 의미가 있다고 생각하게 되었습니다."

대부분의 지원자들은 유학이라는 소재야말로 자신의 도전정신과 포용력을 보여줄 수 있는 좋은 기회라고 인식한다. 누구나 생각할 수 있는 개성 없는 답변이라고 생각하기도 하지만, 이렇게라도 어필하지 못할 바엔 죽음을 달라는 심정이다. 결국 흔한 키워드를 사용하며 비차별화

된 전략을 선택한다. 필자라면 차라리 특정 국가에 관심을 가지게 된 구체적인 이유나 사례를 들어 현실적으로 대답했을 것이다.

반면에 합격자는 있는 그대로 이야기한다. 가볍게 던지고 마는 것이 아니라 솔직한 답변 뒤에 본인이 느낀 바와 의미를 제시함으로써, 면접관은 지원자의 진솔함과 삶의 태도를 느낄 수 있게 된다.

Q. "다른 사람과 의견 차이로 갈등을 겪은 경험이 있나요? 어떻게 풀었나요?"

BAD "보통은 상대방의 입장을 배려하는 편이라 큰 갈등은 없었지만 ○○사에서 디자이너와 디자인 시안을 협의하는 과정에서 의견 차이가 발생했던 적이 있습니다. 먼저 디자이너의 업무 방식과 고려사항 등을 차분하게 듣고 갈등을 조율할 수 있었습니다."

GOOD "친구와 단둘이 유럽여행을 간 적이 있었습니다. 엄청 친한 친구였는데 여행 코스부터 먹는 것까지 의견 차이가 심했습니다. 그래서 의견이 갈릴 때마다 가위바위보를 해서 정하기로 했습니다. 누가 이기든 결과에 깨끗하게 승복하기로 했고, 이후 친구와의 다툼은 사라졌습니다." (대기업 L사 경영지원 직무 최종 합격자)

갈등해결 사례는 단골 질문 중 하나다. 그래서 지원자마다 면접에서 쓸 레퍼토리 하나씩은 가지고 있다. 문제는 대부분의 지원자가 준비한 사례는 죄다 경청을 통해 해결했다는 점이다. 간혹 어떤 지원자들은 갈

등을 겪은 경험이 없다고도 한다. 그러나 평생을 살면서 누군가와 이렇다 할 만한 갈등이 없었다는 것은 듣는 입장에서 공감하기 어렵다. 정말 갈등이 없었던 게 아니라, 심각한 갈등은 아니면서 적당하게 포장까지 잘할 수 있는 상황이 딱히 안 떠오른다는 게 맞겠다. 반면에 대기업 L사의 최종 합격자는 친구와 단둘이 떠난 유럽여행에서 마주했던 갈등을 가위바위보로 해결했던 경험을 솔직하게 제시해 면접관들이 웃음을 터뜨렸다.

> **Q. "이전 회사의 채용 전환 면접에 합격하지 못한 이유가 뭐라고 생각하나요?"**
>
> GOOD   "2명을 뽑았는데 제가 근소한 차이로 3등을 하지 않았나 생각합니다. 저도 물론 아쉬움이 크지만 이전 회사 담당자들께서도 저까지 채용하지 못한 아쉬움이 클 거라고 생각합니다."

정답이냐 아니냐는 중요하지 않다. 애초에 정답이라는 것은 없다. 다만 다른 회사의 면접에서 불합격한 것을 알릴 경우 자신의 부족함이 드러나지 않을까 걱정할 필요는 없다. 노심초사하며 당황한 듯한 표정으로 답변하는 지원자보다 위트 있게 대응하는 모습이 더 자신감 있고 밝아 보인다. 누가 봐도 자신이 부족하다는 것을 걸렸다는 표정을 짓는 지원자에게 어떤 좋은 느낌을 받을 수 있겠는가?

사실 유머는 정제되지 않은 생각, 예상치 못한 전개와 답변에서 시작 된다. 웃음을 유발하기 위해 무작정 가볍게 깨방정을 떨라는 의미가 아 니다. 어떤 생각이 떠올랐을 때 솔직하게 있는 그대로 내지르는 것은 장 황한 변명과 그럴싸한 포장을 능가하는 힘을 발휘한다는 뜻이다. 물론 면접관의 질문에 시종일관 가벼운 모습으로 임하는 것은 자칫 가볍게 보여 부정평가를 받을 수 있다. 최소한의 매너를 지키면서 한두 번 짧게 있는 그대로 내지르는 것, 그 자체가 촌철살인 위트의 정수다.

불안한 마음을 가진 지원자에게는 쉽지 않은 행동이다. 그런 지원자 들은 항상 '그렇게 해도 되나?'라는 생각에 사로잡혀 자신을 보호하거 나 잘 보일 수 있는 포장지를 만드는 데 전념한다. 그러나 안타깝게도 한땀 한땀 온 정성을 기울여 전략적으로 제작한 멘트는 면접관에게 어 떤 진심도, 재미도, 감흥도 주지 못한다. 악순환의 고리를 끊기 위해서 는 변화가 필요하다. 지금껏 면접관의 눈치만 보며 시원하게 내지르지 못했던 생각이나 답변이 있다면 이제는 과감하게 질러보자. 지원자 스스로에게 용기를 북돋아주고, 면접관에게도 다른 지원자들과 다른 색깔을 분명하게 각인시키는 포인트가 되어줄 것이다.

부정표현을 긍정표현으로 바꾸면 사람이 달라 보인다

지원자들은 습관적으로 부정적인 표현을 사용한다. 기존 상황에 아쉬움을 느껴 더 좋은 선택지를 찾게 되었다는 의미지만, 때로는 변명처럼 들리기도 한다. 지원자가 잘못 느꼈단 말이 아니다. 어느 회사에 가든 다른 생각을 가진 사람과 불편한 협업을 해야 하고 부족한 시스템과 체계 속에서 회사를 발전시켜나가야 된다는 점을 간과했기 때문이다. 그래서 부정적인 감정에 기인한 이직이나 퇴사 사유는 대부분 패착으로 작용해, "우리 회사에서도 그런 상황이 발생하면 퇴사하겠다는 의미인가?"라는 질문이 날아오는 순간 말문이 막힌다.

이직 사유, 비주류 전공자 대응 매뉴얼

이직 사유로 시스템의 부족, 부정적 사업 전망을 말하면 망하는 이유

Q. "다니던 회사를 관두고 이직하려는 이유가 무엇인가요?"

BAD-A "중견기업으로서 갖는 한계점 때문에 많은 제약과 아쉬움이 있었습니다. 특히 회사 내 시스템과 체계가 부족하고 의사결정이 느려 업무 진행과정에서 어려움이 많았습니다. 시스템과 체계가 잘 갖춰진 크고 좋은 회사에서 일하고 싶다는 생각으로 퇴사를 결정하게 되었습니다."

BAD-B "저는 서비스에 대한 아낌없는 투자가 매우 중요하다고 생각했습니다. 그럼에도 이전 회사는 경영상의 어려움을 들면서 지속적인 투자와 인원을 줄임으로써 CS기능을 축소한다는 점이 아쉬웠습니다. 그곳에서 꿈을 키우기에는 역부족이라고 느껴 이직을 준비하게 되었습니다."

직원의 역할은 더 좋은 시스템과 체계를 만들면서 회사를 더 나은 방향으로 이끄는 것이다. 그런데 좋은 시스템이 갖춰져 있지 않아 퇴사를 결심했다고 답변하는 지원자를 볼 때 면접관의 심정은 어떨지 생각해보자. 완벽한 시스템과 체계로 굴러갈 수 있는 회사라면 애초에 똑똑한 직원이 필요할까? 삼성, SK, LG, 롯데 같은 국내 유수한 대기업에 다니는 어떤 현직자도 회사의 시스템과 체계가 완벽히 갖춰져 있다고 이야기하는 것을 본 적이 없다. 대한민국 모든 기업들이 부족한 시스템과 체계 속에서 일하고 있음을 생각해야 한다.

같은 맥락에서 다른 회사의 자금사정이나 시장환경에 대한 걱정을 노골적으로 드러내는 것도 부정적인 인상을 줄 수 있다. 지원자 입장에서는 순진무구하게 지원 회사의 성장 가능성과 당장의 실적이 좋아 보였다고 답변할 수 있겠지만 모든 산업전망과 회사상황은 업앤다운이 있다. 지원자들이 선망하던 대한항공, SK이노베이션, S-OIL은 장기화된 초저유가 국면에 코로나19 사태가 겹치면서 분기별 조 단위의 영업손실을 내고 있다. 한편 국내 1위 대형마트였던 이마트는 e커머스를 필두로 한 온라인쇼핑의 약진으로 고전을 면치 못하고 있다.

좋은 전망과 실적을 보고 지원했다고 말하는 지원자를 얼마나 신뢰할 수 있을까? 면접관에게 의심의 눈초리를 확실하게 심어줄 수 있는 잘못된 접근이다. "업황이나 실적이 좋지 않아도 꼭 하고 싶은 일이기에 같이 위기를 극복해나가고 싶습니다!"라는 마인드의 접근이 필요하다.

기대했던 바와 달라서 그만뒀다는 최악의 답변

Q. "이전 회사에서 왜 퇴사했나요?"

BAD-C "○○○○이라는 사회적기업에서 근무한 적이 있었습니다. 사회를 위한 서비스를 개발하는 곳이라고 생각했는데 실제로는 제가 생각했던 사회적 역할과는 거리가 있었습니다. 그런 회사의 사업방향에 실망하고 계약을 연장하지 않았습니다."

필자가 빈번하게 마주하는 잘못된 답변이다. 보통은 좋은 세상을 만들고 싶다는 말랑말랑한 생각으로 이름부터 공익적인 느낌이 나는 사회적기업에 지원하는 사람들이 많다. 하지만 사회적기업도 지속 가능한 경영활동을 통해 이윤을 창출해야만 사회에 환원도 할 수 있다. 이러한 경영 구조는 생각하지 않은 채 회사가 이윤을 추구하는 모습에 아쉬움을 느껴서 퇴사했다고 한다면, 회사의 생리도 모르고 입사했는데 생각과 달라 퇴사했다고 떼를 쓰는 꼴이 된다. 게다가 회사의 목표인 이윤추구보다 공익적 활동에 지대한 관심이 있는 사람처럼 보이기까지 한다.

섣부른 판단으로 전공을 약점으로 만들지 말자

Q. "비주류 전공자로서 어떤 역량을 가지고 있나요?"

BAD-D "처음 사회학을 전공으로 선택할 때 생각했던 것과 실제 공부했던 내용 간의 괴리가 컸습니다. 그래서 2~3학년 때 다른 진로를 고민하게 되었고, 다양한 외부활동과 자격증 취득을 통해 부족한 부분을 보완하려고 꾸준하게 노력해왔습니다."

자신의 전공을 스스로 과소평가하는 것은 지원자에게는 대학생활이 의미가 없었다고 인정하는 것과 다름이 없다. "저는 학점과는 별개로 전공 공부도 너무 재미있게 했고, 외부활동을 통해서는 어떤 부분에 대한 관심도 넓혀왔습니다."라는 식으로만 답변해도 전공을 버릴 필요 없이 다른 분야에 대한 관심까지 함께 드러낼 수 있다. 하물며 수능 점수에 맞춰 억지로 선택한 전공이었다고 하더라도, 억지로 4년을 공부했다고 하는 지원자와 4년간 공부했던 내용이 어떤 점에서 자신에게 의미가 있고 중요한 지식적 토대가 되었는지 이야기하는 지원자 간의 태도 점수는 하늘과 땅 차이일 수밖에 없다. 전공을 버리는 순간 자신의 대학생활 자체를 부정하는 꼴이 된다는 사실을 명심해야 한다.

주체적, 긍정적 관점에서 접근하면 쉽다

GOOD-A "중소기업에서 연구개발 직무로 2년 10개월간 일하면서 현장의 생산부터 품질까지 많은 문제들을 해결해야 했습니다. 처음에는 저의 업무 범위를 넘어선다는 불편한 생각이 컸던 게 사실이지만, 현장에서 새로운 관점이나 원리들을 배워나가는 게 너무 즐거웠습니다. 그럴수록 최첨단 제조기업들의 생산, 기술, 품질력의 변화를 직접 보고 배우면서 더 크게 성장하고 싶다는 욕심이 생겼습니다. 2년 10개월의 경력을 놓고 과감하게 퇴사 후 신입 채용에 다시 도전하게 된 이유입니다."

BAD-A 답변을 다시 준비한 것이다. 과거에 다녔던 회사를 굳이 깎아내릴 필요가 없다. 해당 경험이 의미 있는지는 오로지 지원자의 생각에 따라 달라질 뿐이다. 위 지원자는 이전 회사에서 많은 것들을 배웠고 이제 더 큰 꿈을 좇고 싶은 욕심이 생겨 이직을 준비했다는 내용으로 답변을 수정했고, 이전 회사에 대한 비방 없이 좋은 의미의 이직 사유까지 확실하게 전달했다. 그리고 삼성전자 신입공채에 최종 합격했다.

GOOD-B "○○서비스에서 CS업무를 수행하며 고객, 소비자 분석 영역은 일반적인 생각과 달리 정밀하고 과학적이라고 생각을 전환하게 되었습니다. 다만 회사의 주력 제품 없이 위탁받아 서비스관리를 진행하다 보니 주체적으로 우리 고객들의 만족도를 높이고, 브랜드의 가치를 높인다는 자부심을 느낄 수 없었습니다. 이 점 때문에 자체적인 제품과 서비스를 갖춘 곳에서 CS업무를 하고 싶다는 생각이 들었고 이직을 생각하게 되었습니다."

BAD-B 답변을 다시 준비한 사례다. 이 지원자도 다니던 회사에 부정적인 감정이 생겨 이직을 결심한 게 맞다. 하지만 군이 부정적인 감정을 언급하지 않고 회사를 다니면서 긍정적으로 영향받은 부분에 집중하는 것만으로도 듣는 입장에서 느끼는 바는 크게 달라진다. 지원자가 실무에서 느낀 CS에 대한 좋은 관점을 토대로 더 주체적으로 업무를 하고 싶어 이직을 하겠다는데 마다할 면접관은 없다. 오히려 직무에 대한 좋은 관점과 적극적인 태도에 더 높은 점수를 줄 수밖에 없다.

앞에 나온 입사 전의 기대와 실제 회사생활의 괴리를 느껴 퇴사하게 된 지원자다. 그러나 긍정적으로 생각해보자면, 오히려 위 답변처럼 CSR에 대한 잘못된 개념을 바로잡게 된 계기였다고 말할 수도 있다. 그러면서 공익을 추구하는 회사 대신 사기업에 지원하게 된 이유까지 자연스럽게 연결해볼 수도 있다. 보다시피 불만을 표출하거나 변명을 대는 식의 방어적 접근보다는 주체적인 접근이 듣기에 훨씬 좋다.

BAD-D 답변의 수정 버전이다. 자신의 대학생활을 부정하는 대신, 자신이 탐구하고 수학했던 지식에 대한 자부심을 바탕으로 면접관에게 학문적 가치를 이야기했다. 동시에 자신감 있는 태도까지 보여줬으니 일거양득이다. 외부활동이나 인턴 등을 통해 쌓은 경험이 있다면 이후에 제시해도 늦지 않다. 사회학 전공으로 쌓은 지식을 통해 집단과 개인을 새로운 눈으로 바라보고, 실무적 역량을 활용해 더 많은 일을 하고 싶다고 주체적으로 이야기해볼 수 있다.

이직 사유나 전공 관련 질문은 곧 기회다

과거에 대한 주관적 생각을 전진적으로 드러냄으로써 면접관에게 좋은 인상을 남길 수 있다. 포인트는 현재를 위한 과정, 미래를 위한 발판으로 과거를 생각하는 것이다. 아래와 같은 공격적 질문을 성공적으로 방어하고 동시에 일격을 날릴 수 있는 힘은 바로 이 같은 관점의 변화에서 나온다.

- 이전 회사를 관두게 된 이유는 무엇인가요?
- 이전 회사에서 불만스러웠던 것은 없나요?
- 직무와 관련 없는 이 경험은 무엇인가요?
- 비주류 전공자, 비관련 전공자인데 왜 지원했나요?

면접 수준을 한 단계 높여줄
지적활동이 필요하다

많은 지원자들이 꾸준하게 신문이나 기사를 통해 최신 트렌드, 경제 경영 동향을 찾고 정리한다. 지원자들은 지금껏 수많은 경제기사들을 분석하고 정리했건만 막상 면접만 가면 무슨 이야기를 어떻게 해야 하는지 감이 오지 않아 입을 떼지 못한다. 필자도 꾸준하게 경제신문을 구독했다는 지원자에게 미국과 한국의 금리 동향, 전 세계 경제기조, 최신 소비 트렌드 등을 물어보지만 지원자들은 항상 꿀 먹은 벙어리가 된다. 문제는 간단하다. 경제신문을 주체적으로 보는 것이 아니라, 남들이 다 하니까 나도 해야 된다는 부담감 때문에 수동적인 태도로 보기 때문이다. 경제신문을 보는 관점의 차이가 면접에서 어떤 결과의 차이를 만드는지 살펴보자.

같은 기사를 봐도 사람마다 다른 것을 본다

플랜트 전문가 최성안의 '수주 선구안'… 삼성ENG 2년 만에 날았다

그로부터 2년. 삼성엔지니어링이 화려하게 부활했다. 대규모 손실을 털고 7년 만에 최대 영업이익을 달성했다. `BAD` 현장 경험을 바탕으로 한 최 사장의 '내실경영'이 'V자 회복'으로 이어졌다는 분석이다.

삼성엔지니어링은 지난해 매출 6조 3,680억 원, 영업이익 3,855억 원을 기록했다고 지난달 31일 발표했다. 전년보다 매출은 16.2%, 영업이익은 87.1% 각각 증가했다. 7년 만의 최대 영업이익이다. 수주 잔액은 14조 2천억 원으로 불어났다. 지난해 매출 기준 2년 치가 넘는 일감이다. 작년 한 해만 7조 원어치를 신규 수주했다. 실적 호전 덕에 2017년 1조 4천억 원이 넘었던 총차입금은 2,124억 원으로 줄었다.

최 사장은 취임 초부터 "우리가 잘할 수 있는 사업에 집중해 양보다 질 위주로 수주해야 한다"고 강조했다. `GOOD` 덩치 큰 대형 사업보단 삼성엔지니어링이 강점을 지닌 고수익의 화공플랜트에서 수주를 따내라는 지침이었다. 사우디아라비아 하위야 우나이자 가스 프로젝트, 알제리 하시 메사우드 정유 프로젝트 등이 대표적이다. 2016년 8조 1,582억 원까지 고꾸라졌던 수주 잔액은 최 사장이 부임한 2017년 말부터 회복되기 시작해 3년 연속 늘어났다. 최 사장은 알제리 등에서 프로젝트 매니저로 일한 경험을 살려 획기적인 아이디어도 냈다. **GOOD** 현장 작업을 최대한 줄이는 대신 국내에서 모듈을 사전 제작한 뒤 현장에서는 조립만 하도록 했다. 대부분 고온·다습한 플랜트 현장은 높은 일사량과 강한 바람 탓에 작업에 제약이 많이 따랐다. 미리 모듈로 제작해 현장에서 조립하면 효율성을 크게 높일 수 있다는 판단이었다. 그는 시공에 쓰이는 기자재를 표준화해 미리 발주하라고도 했다. 설계 기간을 단축하기 위해서였다.

특히 설계·조달·시공(EPC) 사업의 앞단인 기본설계(FEED) 일감을 적극 수주할 것을 임직원들에게 주문했다. **GOOD** FEED는 부가가치가 큰 데다 FEED를 성공적으로 수행하면 EPC 사업 계약까지 이어질 가능성도 높기 때문이다. 회사가 말레이시아, 멕시코, 미국에서 FEED 사업을 따낸 것도 이런 이유에서였다. FEED 사업을 지난해만큼 수주한 것은 창사 이래 처음이었다.

QR코드를 이용해 기사를 읽어보세요!
〈한국경제〉 2020년 2월 4일

탈락자의 기사 활용법

지원자들은 경제기사를 읽을 때도 지식 확장을 위한 순수한 학습에 집중하지 않는다. 눈에 불을 켜고 면접관에게 어필할 수 있는 기업 관련 주요 사실과 정보를 찾는 데 집중할 뿐이다. "저 그거 알고 있어요!"라고 어필하기 위함이다. 어떤 의미의 기사인지, 어떤 점이 인상 깊은지에 대한 주관적 생각이나 해석 없이 단편적인 사실만 정리해 암기한다. 그러니 면접이 끝나면 잠시 외워뒀던 내용은 금세 머릿속에서 사라져 아무 기억도 남지 않는 것이다.

합격자의 기사 활용법

합격자들은 경제기사 하나도 주체적으로 읽는다. 자신의 지식과 관점을 넓히는 내용에 집중하고, 자신의 것으로 만든다. 앞서 살펴본 삼성엔지니어링 기사를 읽으며 N수생은 회사의 주요 실적과 흑자전환에 주목할 때, 합격자들은 삼성엔지니어링의 어떤 사업 전략이 흑자전환과 내실화, 사상 최대 실적을 달성하게 만들었는지 주목한다.

- 무분별한 대형사업 수주전보다 강점에 집중하는 전략이 중요하다.
- 모듈 제작 방식 도입은 시간, 공간 등의 작업 제약을 극복하는 대안이다.
- FEED는 높은 부가가치, EPC 수주 가능성을 높이는 주요 전략 포인트다.

이렇게 학습한 내용은 "글로벌 경제가 불안한 지금 시점에 어떤 전략을 취해야 하나요?" "미래 성장 동력으로 집중할 부분이 있다면 무엇인가요?"와 같은 산업 관련 생각을 묻는 질문에 대한 답변이 될 수 있을 것이다. 또한 "입사 후에 어떤 일을 해보고 싶나요?"라는 질문에는 "공기 단축 및 생산 효율화를 꾀할 수 있는 모듈화 공법을 고민해보고 싶습니다."라고 답변할 수도 있을 것이다. 게다가 이는 비단 삼성엔지니어링에만 적용되는 내용이 아니라 건설, 플랜트, 조선, 인프라 등 다양한 산업 분야에서도 적용할 수 있는 내용이다. 똑같은 기사를 보았는데 합격자는 산업부터 회사, 직무까지 일석삼조의 효과를 거둔 셈이다.

경제기사를 100% 활용하는 방법

N수생은 회사 홈페이지에 소개된 직무와 현직자 인터뷰 속에서 언급된 역량을 파악해 면접관에게 어필할 수 있는 요소를 찾는 데 많은 시간을 할애한다. 반면에 합격자는 신문기사 속에서 직무의 역할과 트렌드를 자연스럽게 학습하며 직무이해도를 높이고 있다.

사업에 대한 관점을 넓혀라

피하주사 형태로 만든 '램시마SC'… 편리성으로 유럽 시장 공략

셀트리온의 자가면역질환치료제 '램시마SC'가 사실상 유럽 시장에서 판매 승인을 받았다. 셀트리온은 지난 20일 유럽의약품청(EMA) 산하 약물사용자 문위원회(CHMP)로부터 램시마SC에 대해 '판매 승인 권고' 의견을 받았다고 밝혔다.

QR코드를 이용해 기사를 읽어보세요!
〈조선일보〉 2019년 9월 27일

셀트리온의 램시마SC가 유럽 시장에서 판매를 승인받았다는 내용이다. 램시마가 유럽 시장 판매 승인을 획득했다는 정도의 기사로만 봤다면 기사를 제대로 파악하지 못한 것이다. 램시마SC는 기존 정맥주사 형태였던 램시마를 피하주사로 형태를 변경한 의약품으로, 바이오베터다. '바이오베터'는 더 낫다(better)는 의미에서 바이오시밀러와 구별되는데, 기존 바이오의약품의 효능이나 투약 방식, 횟수 등을 개선해 치료 효능이나 복약 편의성을 높인 의약품을 말한다. 바이오베터는 일반적인 바이오의약품 대비 2~3배 수준의 가격을 책정받을 수 있어 바이오시밀러에 비해 더 큰 시장성을 인정받는다. 램시마가 시장 내 경쟁 격화로 판매가가 떨어지고 있는 상황 속에서 램시마SC의 개발과 판매 승인은 셀트리온이 경쟁사들을 따돌리고 독보적인 우위를 점하는 데 있어 중요한 역할을 할 것이다.

　바이오베터 개념에 대한 이해, 셀트리온이 가지는 기술력, 향후 시장 확대 가능성, 의약품 개발의 다양한 형태 등에 대해 두루 학습하고 이해를 넓힐 수 있는 기사다. 유럽 시장에서 판매 승인을 획득했다는 사실 자체에 흥분할 게 아니라, 그 이면의 의미와 내용을 명확하게 학습하고 이해하고자 접근해야 한다. 그렇게 하나의 기사를 보더라도 확실하게 더 넓은 지식을 축적하고 관점을 확대할 수 있다.

직무 관련 트렌드 파악부터 전문적 지식 습득까지

재택근무로 평가 시스템·채용 스타일 달라져

　재택근무가 보편화하면 인사제도와 기업 문화 전반에 큰 변화가 생길 전망이다. 우선 성과평가 시스템이 더 객관적이고 세밀하게 바뀔 것이란 관측이 우세하다. 떨어져 근무해야 하는 재택근무의 특성 때문이다. 개별 직원에 대한 직무 할당이 명확해야 하고, 직원도 자신의 성과를 명확하고 세세하게 상사에게 알릴 필요가 있다는 분석이 나온다. 이상호 한국경제연구원 고용정책팀장은 "회사는 직원에게 개인의 목표를 정확히 정해줘야 하고 직원 역시 어느 정도 달성했는지 설명할 수 있어야 한다"며 "재택근무는 꼼꼼한 평가 시스템이 필수"라고 설명했다.

 QR코드를 이용해 기사를 읽어보세요!
〈한국경제〉 2020년 4월 22일

서두에서 재택근무 트렌드가 인사제도와 운영에 미칠 영향을 전망한다. 따로 떨어져 근무하기 때문에 더 객관적이고 세밀한 평가 시스템이 필요해질 것이고, 관리 효율성 저하를 해결하기 위해 성과평가 주기가 단축되고, 비대면 면접 일상화로 전문성 검증이 주요한 평가요소로 부각되고, 수시채용 형태로 구인이 진행될 수 있다는 것이다. 또한 느슨해진 협업, 갑작스러운 제도 시행으로 인한 관리·경영 효율성 제고는 인사 지원자들이 입사 후에 고민해야 될 이슈인 만큼 입사 후 포부로 활용될 수도 있다. IT 컴플라이언스 관련 직군에서는 재택근무 확산에 따라 확대되는 보안 강화와 클라우드 시스템 구축·운영에 필요한 시스템 도입과 과부하 해결 방안을 고민해볼 수도 있다.

경제 트렌드를 보면 기업의 대응전략을 알 수 있다

현금 다급한 中企·자영업자 … 올 20조 원 대출

5대 은행의 중소기업과 자영업자(소호) 대출 잔액이 올 들어 4개월간 20조 원 가까이 불어난 것으로 나타났다. 신종 코로나바이러스 감염증(코로나19) 사태로 매출에 타격을 받은 중소기업과 자영업자들이 '급전'을 빌려간 것으로 분석된다. 코로나19로 줄어든 수입을 메우려는 개인도 은행에서 주택담보대출을 더 받고, 적금을 깨 자금을 확보한 것으로 나타났다.

QR코드를 이용해 기사를 읽어보세요!
〈한국경제〉 2020년 5월 7일

갑작스러운 이벤트로 영향받고 있는 중소기업, 자영업자의 대출 증가세와 개인의 적금해지 추이는 심각한 경제상황을 보여준다. 코로나 여파가 단기로 끝나지 않고, 영세 자영업자와 중소기업들의 사업활동이 정상 수준으로 회복되지 않을 경우 연체율과 부도율이 높아질 우려가 있다. 이는 금융기관 입장에서는 대손충당금 증가와 재무·건전성 악화로 이어질 수 있다. 이러한 국면으로 불황을 대비하는 금융기관의 선제적인 대응에 대해 고민해볼 수 있다.

지원자에게 부족한 것은 전략이 아니다. 지식이 부족하고 깊이가 부족하다. 진정으로 관심을 가지고 탐구하는 이들은 기사 하나를 보면서도 내공을 쌓아, 면접에서도 하고 싶은 이야기가 자연스럽게 생긴다. 억지로 보여주기 위한 사실을 찾고, 드러낼 필요가 없다. 일찍이 꾸준히 관심을 가지고 노력해야 한다. 진득하지 못한 얄팍한 잔꾀로는 단단한 내공을 쌓을 수 없다. 이것이 1년을 넘는 취업기간 동안 매일 경제신문을 읽어도 머릿속에 남는 게 없는 이유이자 면접만 가면 꿀 먹은 벙어리가 되어 탈락했던 이유다.

6장

실전 면접 준비의 정수

면접 고수들은
스크립트를 준비하지 않는다

백종원은 어떤 재료와 도구로도 상황에 맞는 요리를 해낸다. 수천 가지의 레시피를 외워서가 아니다. 요리의 기초인 조미료와 식자재, 도구의 기능과 역할을 치열하게 연구했기 때문에, 어떤 재료로든 변화된 레시피를 끝없이 만들어낼 수 있다. 반면 하수들은 한두 가지의 필살 레시피를 열심히 암기하고 준비한 대로 요리할 수 있길 기도한다. 그러나 준비한 레시피를 선보일 기회는 쉽사리 오지 않는다. 뒤늦게 추가 레시피를 준비해보지만 하수, 즉 지원자들이 상상한 완벽한 상황은 펼쳐지지 않는다. 결국 또 운이 없었다며 자기합리화를 반복한다.

100문 100답을 준비해보지만 변하지 않는 면접 결과

면접이 잡히면 지원자들은 최대한 많은 예상 질문을 뽑고, 각 질문에 대한 답변을 하나씩 심혈을 기울여 작성한다. 그렇게 100문 100답 리스트를 만들고, 철저한 암기에 들어간다. 얼핏 보면 다양한 상황을 대비한 철저한 준비인 듯 보이지만 결과는 영 시원치가 않다. 면접마다 예상치 못한 질문들이 등장해 부담감은 커지고, 유사한 질문에 대한 답변 내용들이 혼재해 있어 지원자 본인도 혼란스러워진다. 어디서부터 잘못된 건가 고민해보지만 문제를 찾는 것조차 쉽지가 않다.

매번 떨어지는 지원자들의 100문 100답 면접 준비

1) 성격의 장점은 무엇인가요?

2) 삶을 살아가는 데 있어 중요하게 생각하는 가치는 무엇인가요?

3) 생활신조나 인생 교훈이 있나요?

4) 자신을 한 단어로 표현해보세요.

5) ○○사에 지원하게 된 이유는 무엇인가요?

6) ○○사만의 강점은 무엇이라고 생각하나요?

7) ○○사에 대해 아는 대로 이야기해보세요.

8) 지원자만의 차별화된 강점은 무엇인가요?

...

100) 직무와 관련된 경험은 무엇이 있나요?

1답 10문도 충분히 가능하다

"강한 호기심은 제 삶의 원동력입니다. 강한 탐구정신은 무엇을 하든 집요하고, 열정적으로 몰입할 수 있게 만드는 힘이 됩니다. 대학교 때 산업안전 강의를 수강하며 불산가스 누출사고로 인한 산림파괴와 사상자 발생 케이스를 알게 되었고, 소량의 화학물질이 갖는 위험성을 제대로 인지할 필요가 있다고 생각했습니다. 그래서 화공기사 외에 위험물산업기사까지 함께 준비했습니다. 그 과정에서 체계적인 작업환경의 관리 및 통제가 전체적 관점에서 생산성과 안전성 향상에 도움을 준다는 사실을 깨닫고 이를 더 공부하고 있습니다."

위 답변의 구조는 간단하다. '나는 강한 호기심으로 움직이는 사람'이라는 주제를 먼저 제시하고, 본인이 그런 사람임을 보여줄 수 있는 경험을 구체적으로 이야기하고 있다. 특정 질문을 예상해서 준비한 답변이 아니다. 자소서를 작성하는 단계에서 고민했던, 본인을 소개할 수 있는 다양한 주제 중에 하나를 제시해본 사례다. 이처럼 어떤 질문에 답을 제시한다고 생각하기보다는 '내가 어떤 사람인가'에 대해 이해하는 과정이라 생각하고, 스스로에게 다음과 같은 질문을 던져보자.

"본인만의 차별화된 장점이 무엇인가요?"

"스스로를 어떤 사람이라고 생각하나요?"

"자신을 한 단어로 표현해보세요."

"지원하는 직무를 수행하는 데 있어 지원자의 강점은 무엇인가요?"

"자기소개를 해보세요."

위와 같은 질문들에 앞서 제시된 사례만 가지고도 답변으로 제시해 볼 수 있다. 자기소개에서 '나는 호기심을 원동력으로 발전하는 사람'이 라는 주제로 이야기를 시작할 수도 있고, 지원자만의 차별화된 장점과 직무수행상의 강점을 묻는 질문에, '강한 호기심은 더 깊이 있게 무언가 를 탐구하게 만들어 나를 발전시킨다'는 주제를 답변으로도 제시할 수 있다. 자신을 한 단어로 표현해보라고 한다면 순발력 있게 "저는 호기 심쟁이입니다."라며 동일한 답변을 이어갈 수 있을 것이다. 자신에 대 한 깊은 이해를 바탕으로 생각을 정리해둔다면 답변 하나로 5문, 10문 까지 해결할 수 있다.

GOOD   "〇〇은행의 DLS, ELS 불완전판매와 고객들의 개인정보를 활용한 휴면 계좌 활성화 사건은 성과지상주의 중심의 인사제도가 만든 결과라고 생각 합니다. 회사의 성장 목표를 달성하고 변화하는 시대 흐름에 적응하려면 기업문화와 성과평가 체계 구축이라는 중요과제를 수행해야합니다. 인사 직무의 역할이 중요한 이유이며 이를 위해서는 시장상황, 상품의 성격, 직 무의 성격에 맞는 성과평가 체계 구축과 운영이 필요합니다."

상기 답변은 2020년 금융 시장을 떠들썩하게 했던 금융상품 부실판매 관련 논란을 통해 인사 업무의 중요성을 재구성한 내용이다. 직무 학습을 토대로 직무 역할에 대한 이해가 생겼다면 신문기사 하나를 보더라도 관점이 달라질 것이다. 자신만의 견해를 가질 수 있을뿐더러 지원하는 직무와 연관시킬 수도 있다. 앞에 나온 지원자의 생각을 바탕으로 아래 질문에 어떻게 답해야 할지 생각해보자.

"인사 업무 중에 특별히 관심 있는 분야가 있나요?"

"인사의 역할은 무엇이라고 생각하나요?"

"인사와 관련된 관심 가는 이슈가 있나요?"

"입사하게 된다면 어떤 업무를 하고 싶나요?"

"은행이 변화하기 위해서 필요한 것은 무엇인가요?"

직무와 관련된 질문에 답하며 지원자의 생각을 충분히 드러낼 수 있다. 심지어 산업, 회사와 관련된 질문에도 적용 가능하다. "단기적 성과에 집중한 성과평가가 아닌, 고객만족과 고객의 장기수익 중심의 평가 방식으로 변화해야 할 필요가 있다."라는 답변을 통해 은행과 직무에 대한 생각을 면접관에게 전달할 수 있다. 입사 후에는 혁신과 도전을 두려워하지 않는 은행으로 도약하도록 적합한 성과평가 체계를 구축함으로써 핀테크 시대의 인터넷전문은행에 대항하는 데 힘쓰고 싶다고 답변할 수도 있다.

"코팅 필름은 사람의 손으로 규격을 측정하고 육안으로 품질을 판단하는 경우가 많았습니다. 그래서 작업자들 간에 서로 표준을 맞추는 것이 매우 중요했습니다. 작업자의 결정에 따라 그 로트 전체가 불량이 될 수도, 양품이 될 수도 있기 때문입니다. 그래서 항상 제품개발을 시작할 때면 팀원들과 함께 이러한 표준을 맞춰나가는 과정이 필수였습니다."

위 답변도 특정 질문에 대한 답변으로 준비한 내용이 아니다. 지원자 본인이 회사 업무를 수행하며 마주했던 상황과 거기에서 느꼈던 점을 이야기해본 내용이다. 같은 맥락에서 아래와 같은 질문에 대한 답변으로 충분히 활용할 수 있다는 점을 확인해보자.

"회사에서 가장 기억에 남는 경험이 있다면 무엇인가요?"
"업무를 수행하는 과정에서 중요하다고 생각하는 점은 무엇인가요?"
"생산 · 품질 관련 업무에서 본인이 발휘할 수 있는 강점은 무엇인가요?"
"현장에서 어떤 것이 가장 큰 문제라고 생각하나요?"
"관리자의 역할은 뭐라고 생각하나요?"

위와 같은 질문에도 사례 하나로 손쉽게 답변해낼 수 있다. 하나의 사례를 제대로 준비해서 상황에 맞춰 유연하게 답변해나가는 방식과, 처음부터 예상 질문을 뽑아놓고 답변을 정해두다 예상치 못한 질문을 받으면 허우적대는 방식 중 어느 쪽을 선택하겠는가? 전자가 유연함, 순발력, 효율성, 진정성 등 모든 면에서 압도적으로 유리하다. 면접의 고수들은 질문을 중심으로 면접을 준비하지 않고, 취업의 3요소 '나, 직무, 회사'를 중심으로 철저하게 고민한다. 그리고 실제 면접에서는 어떤 질문이 나와도 그에 맞게 고민의 결과물을 자연스럽게 제시한다.

3요소에 몰두하면 할수록 1답 10문, 1답 100문의 면접이 가능한 기적을 체험하게 될 것이다. 취업은 시간 싸움이다. 그럼에도 당장 면접이 잡혀 무엇부터 시작해야 될지 막막한 이들을 위해 반드시 준비해야 할 것들을 3요소 중심으로 정리해본다. 아래의 표를 참고하자.

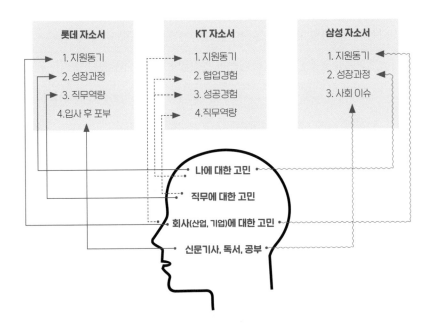

지금까지 취업 핵심 3요소에 대한 이해가 여러 질문을 동시에 준비하는 데 보다 효과적인 접근임을 강조했다. 아래 체크리스트는 취업3요소에 대한 이해를 점검하는 문진표다. 직무이해도는 자신과의 관련성을 배제한 채 직무 자체에 집중해 직무지식 수준을 점검하면 된다. 직무역량은 주요 경험과 연결해, 여러 역량과 경험을 다양하게 조합해보는 것이 핵심이다. 역량과 연결되지 않는 경험은 직무 약점이나 입사 후 포부, 역량 계발 계획에 활용할 수 있다. 더 힘차게 내면의 고민과 학습에 힘쓸수록 답변의 힘은 강력해진다는 것을 기억해두자.

10답 100문 면접을 위한 체크리스트	
나에 대한 고민	
가치관, 철학, 성향, 성격, 장단점, 취미, 특기	
주요 경험과 순간, 느낀 점	
주전공(부전공, 복수전공) 학습 내용 정리	
실패, 성공, 협업, 리더십, 윤리적 행동	
직무에 대한 고민	
직무이해도	
직무역량, 주요 경험	
회사에 대한 고민	
산업, 사업 내용·영역, 제품·서비스 범위, 산업 흐름과 트렌드, 사업 전략	

면접 복장과 면접 매너,
스피치는 쉽게 털자

첫인상은 중요하다. 특히 복장과 헤어스타일은 가장 쉽게 눈에 띄기에 지원자는 더 많이 신경 쓸 수밖에 없다. 면접관에게 조금이라도 더 좋은 인상을 남기고 싶다는 욕심이 커지다 보면 사소한 부분까지 완벽하게 보이기 위해 노력한다. 그래서 면접 일정이 잡혔다 하면 지원자들은 청담, 압구정에서 유명하다는 메이크업, 헤어숍을 서둘러 예약한다. 면접 당일에는 새벽 이른 시간부터 연예인들이나 받을 만한 1회에 수십만 원을 호가하는 서비스를 받기도 한다.

취업 면접은 아나운서, 리포터, 앵커를 뽑는 게 아니다. 센스 있는 스타일이 무엇인지 아는 훈남훈녀를 뽑는 것도 아니다. 일할 사람을 뽑는 것이지, 사내 표지모델이나 홍보대사로 쓸 직원을 뽑는 것이 아니다. 실제 최종 합격자들은 각양각색의 스타일과 특징을 가지고 있다. 그럼에도 지원자들은 외모와 복장 하나하나에 너무 많은 신경을 쓴다. 지푸라기라도 잡고 싶은 심정은 이해하지만 너무 과하다. 남들 다 하니까 어쩔 수 없다는 생각과 불안감으로 눈물 젖은 돈을 쓰는 상황이라면 전혀 그럴 필요가 없다.

가장 나다운 복장으로 승부하자

면접 스타일링의 핵심은 단정함과 깔끔함이다. 좋은 인상을 남기는 게 중요하다는 말은 외모를 예쁘게 가꾸라는 뜻이 아니다. 남성 지원자의 경우 머리를 다듬은 지 오래되었다면 깔끔하게 한번 다듬고, 앞머리가 너무 길어 이마를 가린다면 짧게 치거나 올림머리를 하면 된다. 여성 지원자의 경우 머리가 길거나 웨이브가 강해 정돈된 느낌이 들지 않는다면 머리를 뒤로 모아 묶고, 잔뜩 삐져나온 잔머리들은 한 번 더 신경 써서 정리해주면 된다. 한국타이어 최종 면접에 합격한 여성 지원자는 갈색으로 염색한 머리를 하고 면접에 갔었고, D대학교 교직원 최종 합격자는 누가 봐도 사기업 영업맨으로 보이는 올백머리에 딱 달라붙는 맞춤형 수트를 입고 이사장과 총장 앞에서 면접을 보았다.

복장 또한 자신에게 가장 잘 맞고 잘 어울리는 옷을 최대한 단정하게 입고 가면 된다. 와이셔츠나 블라우스는 이왕이면 구김 없이 다려 입으면 좋고, 수트나 바지도 팔이나 무릎에 구김 없이 주름만 잘 펴져 있어도 단정한 느낌을 충분히 줄 수 있다. 면접장에 들어가기 전에 거울을 보고 넥타이가 삐뚤어져 있는지 확인하자. 또한 넥타이는 단정함을 보여주는 것이 목적이기에, 직접 매는 넥타이가 아닌 자동넥타이라고 해서 문제 될 것도 전혀 없다. 값비싼 고급정장을 입었다고 합격의 기운이 깃들고, 저렴한 브랜드에서 산 정장이라고 해서 탈락의 기운이 드리우는 것도 아니다.

정장은 남색 vs. 검정, 치마 vs. 바지, 셔츠 vs. 블라우스 논쟁이 있지만 원하는 대로 입고 가면 된다. 필자는 가장 나답고 좋아하는 옷을 입었을 때 최고의 결과를 낼 수 있다는 생각으로 가장 아끼고 즐겨 입는 옷을 선택한다. 면접 가이드에 '자유복장'이라고 표기되어 있다면 찢어진 청바지가 아닌 이상, 캐주얼 정장이나 비즈니스 캐주얼로 입고 가도 무관하다. 현재 SK그룹 계열사에 다니고 있는 한 현직자는 2013년도 취업 당시 면접장에서 유일하게 청바지를 입었다. 하지 말라고 한 것도 아닌데 대부분은 "정말 그래도 되나요?"라며 거듭 묻는다.

피부가 거멓고 눈이 작아 화장으로 보완해야 한다고 말하는 사람도 있다. 그렇게까지 불안감이 크다면 값비싼 비용을 지불하고 전문숍에서 메이크업을 받는 게 차라리 나을지도 모른다. 그러나 그런 논리대로라면 피부가 까무잡잡하고 눈이 작고 인상이 세 보이는 사람은 좋은 인상을 남기기 어렵다는 의미인데, 말이 안 된다. 눈이 작아도 당당하게 자신의 견해를 이야기할 수 있고, 차가워 보이는 인상이라도 대화 몇 마디면 실제로 그런 사람인지 아닌지 파악할 수 있다. 애초에 회사는 일을 잘하고 동료와 잘 융합될 사람을 뽑는 것이다. 가릴 필요가 없는 것을 애써 가리려고 하는 게 정말 의미 있는 일인지 생각해봐야 한다.

면접장에서는 모든 순간이 면접이다

대부분의 지원자들은 면접의 순간을 회고하거나 복기할 때 '질문과 답변'의 순간만을 생각한다. 하지만 언제 어디서 평가받고 있을지는 모를 노릇이다. 면접장에 도착해 대기하고 있는 순간에도 인사팀이나 관계자들이 돌아다니며 지원자들의 상황을 살피고 있다. 이들은 간접적, 잠재적 평가자가 될 수도 있다. 따라서 지원자는 면접장에 들어서는 순간부터 대기하고 종료하고 나오는 순간까지 평가에 영향을 미칠 수 있다는 생각으로 임하는 게 중요하다.

지원자가 가장 많이 실수를 범하는 순간이 있다. 바로 다른 지원자들이 답변하고 있는 순간이다. 다대일 면접의 경우 상관이 없겠지만 다대다로 진행되는 면접에서는 매우 중요한 요소다. 다대다 면접 특성상 한 지원자가 질문을 받으면 다른 지원자들은 허겁지겁 질문에 대한 답변을 생각하느라 바쁘다. 물론 다른 지원자의 이야기에 귀 기울이기보다는 머릿속에서 답변을 생각하느라 분주할 수밖에 없다. 문제는 앞에 앉은 면접관에게는 그런 모습과 태도가 너무 잘 보인다는 사실이다. 다른 사람의 이야기에 귀 기울이지 않고, 자신의 답변만 생각하고 있는 모습이 긍정적으로 보일 리 없다. 하물며 자신의 순서가 아직 남았다 생각하고 있는 와중에 "N수생님, 앞의 지원자가 방금 한 이야기에 대해서 어떻게 생각하세요?"라는 질문을 갑작스럽게 받게 되면 지원자는 '멘붕'이 올 수밖에 없다.

면접은 직접 보고 대화하는 과정을 통해 지원자를 평가한다. 답변뿐만 아니라 눈에 보이는 모든 것들이 평가요소가 될 수 있다. 특히나 여럿이 함께 모여 머리를 맞대 사업 전략을 고민하며 회사를 성장시켜나가는 업무의 특성을 생각해보면, 타인의 이야기에 귀 기울이는 태도가 얼마나 중요한지 쉽게 이해할 수 있다. 그래서 필자는 꼭 다른 지원자들이 이야기할 때도 진심으로 이야기를 듣는 표정과 자세를 취하라고 강조한다.

지원자들을 한데 모아 종일 치러지는 원데이면접의 경우 더욱 그렇다. 넓은 공간에서 수십 명의 지원자들이 쉴 새 없이 개인PT, 단체PT를 준비하는 과정 동안 자칫 방심해서는 안 된다. 실제 현직자가 X맨으로 지원자들과 뒤섞여 지원자 개개인을 평가하는 경우가 대부분이다. 멘토 역할을 하는 현직자가 있다고 해도 결과물 자체에 대한 평가뿐만 아니라 다른 지원자들과 어떻게 유기적으로 협업하는지, 얼마큼 참여하고 있는지도 주의 깊게 보고 있다. 잊지 말자. 면접장에 존재하는 모든 순간이 평가에 반영될 수 있다.

스피치학원 대신 자신감을 쌓아라

면접의 문제점을 말발에서 찾는 지원자가 많다. 그리고 이러한 지원자가 말발 향상을 위해 자주 찾는 곳이 바로 스피치학원이다. 단전에서 끌어올리는 복식호흡으로 자신의 말을 면접관에게 힘 있게 전달하고, 정확한 발음으로 또박또박 메시지를 명료하게 표현하며, 물 흐르듯 자연스럽게 말과 말을 잇는 오프닝과 브릿지 멘트, 면접관의 몰입을 더해 줄 고른 시선분배와 제스처까지 배운다. 이것들을 익혀서 취업에 성공한 이들은 몇 명이나 될까? 면접은 뛰어난 연설가, 프리젠터를 뽑는 게 아니다. 그랬다면 현재 기업에 취업해 회사를 다니고 있는 모든 현직자는 뛰어난 말발의 소유자일 것이다.

면접관에게 울림을 주는 것은 청산유수의 유려한 말솜씨가 아니다. 때로는 지원자만의 색깔과 결이 느껴지는 서툴고 투박한 말 한마디가 더 큰 울림을 줄 수 있다. 목소리의 크기나 표현의 화려함이 아니라 자신만의 주관과 철학이 담긴 메시지 하나하나가 사람의 마음을 건드린다.

물론 기어들어가는 듯한 목소리나 면접관의 눈도 제대로 쳐다보지 못하는 과도한 수줍음은 좋지 않다는 건 누구나 알고 있다. 그런 의미에서 지원자에게 필요한 것은 말발이 아니라 '자신감'이다. 누구 앞에 서든지 내 삶이 결코 의미 없지 않았고, 그 순간순간이 자신에게는 큰 영향과 변화를 줬다고 이야기할 수 있는 용기와 자신감이 필요하다. '밖에서도 내 이야기에 귀 기울여준 사람이 없었는데 면접관들이라고 날 좋게 봐줄까?'라는 회의 가득한 심정으로는 어떤 말에도 무게를 실을 수 없다. 이러한 지원자에게서 자신감을 읽어내거나, 긍정적인 평가를 해줄 면접관은 없다.

가장 중요한 자신만의 목소리와 이야기를 던질 수 없는데, 스킬을 익힌다고 안 나오던 이야기가 나올 거라는 헛된 희망은 가지지 말자. 멋진 말발이 아니어도 자신감 있게 자신의 생각을 던질 수 있다면 그걸로 충분하다. 길거리에서, 친구들 앞에서, 부모님 앞에서, 모르는 사람 앞에서 당당하게 생각과 견해를 밝히는 연습을 해보자. 이해가 가지 않는다거나 관심 없다는 눈초리로 바라본다면 자신의 말에 논리가 부족하지는 않았는지, 핵심 없이 장황하게만 말하지는 않았는지 돌아보며 다시 시도해보자. 하루빨리 두려움을 극복하고 자신감을 얻으려면 최대한 자주 부끄러움을 겪음으로써 자신의 부족함을 마주해야 한다.

면접력 강화를 위한
필살 훈련 루틴

앞에서 무작정 답변을 암기하려는 지원자들의 접근 방식을 반복적으로 지적했다. 지원자는 자신이 말솜씨도 순발력도 부족하기에 암기가 반드시 필요하다고 생각할지 모르겠지만, 암기는 말솜씨를 전혀 나아지게 하지 않는다. 암기에 대한 의존도가 높아질수록 답변에서는 진정성이 느껴지지 않게 되고, 준비되지 않은 질문에 대한 불안감은 더욱 커진다. 암기에서 벗어나야 면접의 고수가 될 수 있다. 자신만의 스타일을 찾는 과정에서 자연스러움은 배가되고, 생각지 못한 질문에도 유연하게 대처할 수 있는 힘이 생긴다.

장수원의 로봇연기를 방불케 하는 무감정 로봇면접

Q. "삼성전자에 지원한 이유는 무엇인가요?"

BAD "저는 두 가지 이유로 삼성전자의 강점을 이야기하고 싶습니다. 첫 번째는 빠른 판단력입니다. 삼성은 미래 먹거리 사업으로의 빠른 전환을 위해 비메모리 반도체 분야에 20조 원의 통 큰 베팅을 단행함으로써, 글로벌 최강자인 TSMC를 바짝 추격하고 있습니다. 두 번째로….."

Q. "지원자가 반드시 우리 회사에 필요한 이유는 무엇인가요?"

BAD "저는 꼼꼼함과 책임감을 갖췄습니다. 매사 같은 일을 완벽하게 수행한다는 생각으로 주인정신을 갖고 임했으며 이 때문에 인턴으로 일할 때 자잘한 실수 하나 없이 주어진 업무를 완벽하게 수행해 사수와 팀장에게서 인정받을 수 있었습니다."

첫 번째 지원자는 왜 지원했는지 묻는 질문에 삼성의 투자 계획을 설명하고 있다. 삼성전자에 지원한 이유를 말하는 대신 밑도 끝도 없는 칭찬만 하고 있다. 두 번째 지원자는 우리 회사에 당신이라는 사람이 왜 필요하냐는 질문에 다짜고짜 직무역량과 경험을 끼워 넣고 있다. 앞서 3장에서 지적했던 잘못된 답변 형태다.

이런 동문서답은 질문을 곰곰이 곱씹어보면서 자연스러운 답변의 형태를 고민해보지 않은 채로, 무작정 머릿속에 떠오른 그럴싸한 답변을 적어내려가기 때문에 발생한다. 면접은 대화를 하는 자리지, 글을 쓰는 자리가 아니다. 스크립트를 쓸 때 말을 먼저 뱉어본다면 보다 쉽게 면접 로봇에서 벗어날 수 있다.

Q. "왜 SK매직에 지원했나요?"

GOOD "SK매직은 매출 2배 신장, 200만 계정 확보라는 결과를 4년 만에 달성했다는 점이 인상 깊었습니다. 급성장 중인 렌탈 시장의 트렌드를 빠르게 선점할 수 있는 속도를 갖춘 회사는 SK매직밖에 없다고 생각했습니다."

Q. "지원자를 채용해야 하는 이유는 무엇인가요?"

GOOD "저는 주체적으로 일을 찾는 사람입니다. 시키는 일, 주어진 일만 해서는 발전하고 더 나아갈 수 없습니다. 지금 렌탈 시장에 찾아온 격변의 시기 속에서 새로운 기회를 찾고, 경쟁사보다 먼저 시장을 선점하는 데 있어 꼭 필요한 사람이라고 생각합니다."

분석한 내용을 글로 정리하고 압축하기 전에 먼저 질문에 대한 자신의 답변을 입으로 제시해보자. 하나의 완벽한 답변을 구성해야 한다는 생각은 잠시 내려놓고 단계적으로 접근하면 어렵지 않다. SK매직 지원자의 경우 'SK매직의 빠른 성장 속도가 인상 깊었다'는 것이 답변의 핵심이고, 빠른 속도의 매출성장과 계정 수 확보를 그렇게 생각한 근거로 제시했다. 두 번째 답변에서는 '나 같은 주체적인 사람이 귀사에 필요하다'는 핵심 답변을 던지고, 뒤이어 왜 주체적인 사람이 필요하다고 생각하는지 부연하고 있다.

면접력 강화를 위한 새로운 접근

1) 질문을 정확하게 듣고 답변의 틀을 생각한다.

2) 있는 그대로 답변을 제시한다.

3) 자세하게 살을 붙인다.

4) 하나의 흐름으로 이야기한다.

면접은 '대화'라는 사실을 명심하자. 대화의 핵심은 입에서 시작된다는 것이다. 면접에서 떨지 않고 자연스럽게 발화하고 싶다면 손으로 답변을 쓰는 습관부터 바로잡자.

가장 먼저 질문을 주의 깊게 듣고, 핵심이 되는 답변을 제시해보는 연습을 한다. 그다음 제시한 핵심 답변을 어떻게 자세히 설명할지 고민해본다. 더 힘 있게 말할 수 있는 방법은 없는지, 보충하거나 뒷받침할 근거로 더 적합한 것은 없는지 계속 고민하면서 더 좋은 답변 형태를 만들어간다. 마지막에는 순차적으로 고민했던 흐름을 생각하면서 하나의 답변으로 연결해본다. 다음의 사례를 통해 앞에 주어졌던 4단계 훈련과정을 파악해보자.

Q. "대학생 때 가장 힘들었던 순간은 언제인가요?"

1) 언제 왜 힘들었는지 이야기한다.
2) 가장 많은 일을 벌였던 2학년 2학기가 가장 힘들었던 순간이다.
3) 가장 많은 일을 벌였던 2학년 2학기가 가장 힘들었던 순간이다. 복수전공, 봉사활동, 제2외국어, 아르바이트, 동아리까지 욕심껏 모두 다 질러놓고 체력적으로 심리적으로 힘들어 이도 저도 못 하고 많은 것을 놓쳤다.
4) "복수전공, 봉사활동, 제2외국어, 아르바이트, 동아리까지 욕심껏 모두 다 질러 놓고 체력적으로 심리적으로 힘들어 이도 저도 못 하고 많은 것을 놓쳤던 2학년 2학기가 가장 기억에 남습니다."

···

Q. "실패했던 경험이 있나요?"

1) 어떤 순간이 나의 실패였는지 이야기한다.
2) ○○에서 주최하는 창업경진대회에 참여했는데 예선전에서 탈락했던 경험이다.
3) ○○에서 주최하는 창업경진대회에 참여했는데 예선전에서 탈락했던 경험이다. 좋은 아이디어 하나에 꽂혀서 팀원 모두 한 달을 올인했으나 시장성을 묻는 질문에 제대로 답변하지 못했다.
4) "○○에서 주최하는 창업경진대회에 △△라는 아이템 하나로 한 달을 올인했으나 서비스의 시장성과 사업성을 제대로 고려하지 못해 탈락했던 경험이 있습니다."

> **Q. "신용보증기금에 지원한 이유가 무엇인가요?"**
>
> 1) 신용보증기금의 이런 점이 매력적으로 느껴져 (또는 역할의 중요성에 공감해) 지원하
>   게 되었다.
> 2) 신용보증기금은 중소·중견기업들이 겪는 가장 큰 애로인 자금조달 문제를 해결하
>   는 기관이다.
> 3) 신용보증기금은 다양한 형태의 보증제공을 통해 중소·중견기업이 필요한 자금을 저
>   리에 안정적으로 공급받을 수 있도록 토대를 제공한다. P-CBO, 매출채권보험 등 다
>   양한 형태의 금융지원뿐만 아니라 컨설팅으로 부족한 기능을 보완해주기도 한다.
> 4) "신용보증기금은 보증, P-CBO, 매출채권보험 등 중소·중견기업이 겪는 자금조달
>   의 어려움을 도와주는 다양한 프로그램과 컨설팅 같은 부수적 업무로 기업의 부족한
>   부분까지 보완해줌으로써 기업의 탄탄한 기반을 만들어주는 점이 매력적입니다."

이렇게 답변의 틀을 중심으로 구체적인 사실을 제시한 뒤 하나의 흐름으로 재구성하는 연습이 필요하다. 그다음은 말하기 연습의 반복이다. 기업과 직무 관련 답변도 접근은 동일하다.

연습 시 주의해야 할 점은 무엇인가

첫째, 핵심 답변과 근거만 제시되어도 의미는 통한다. 꼭 이야기해야 될 단어와 흐름만 도출해보고, 이후에는 대본 없이 자유롭게 답변을 구

성해보자. 둘째, 완벽한 문장을 암기해서 구사한다는 생각을 버린다. 답변의 디테일은 달라질 수 있다.

질문을 계속 떠올리며 답변의 틀과 흐름을 생각해본다. 이어서 핵심적인 과정이나 사실, 언급해야 될 사항을 정리한다. 그리고 제시된 키워드들을 중심으로 문장을 만들고 말하기 문제를 풀듯이 실제로 연습해보자. 몇 번만 반복해봐도 금세 답변의 뼈대와 구조가 머리에 남는다. 핵심 키워드와 단어들이 입에 붙는다면 구체성을 더해주거나 문장의 흐름에 단계적으로 신경 써나가면 된다. 말하기 능력은 이렇게 단계적으로 향상되는 것이다.

말을 잘하는 사람은 암기를 잘하는 사람이 아니다. 특정 질문과 상황에 해야 할 이야기의 틀과 흐름을 머릿속에 빠르게 잡고, 기존에 확실하게 잘 잡혀 있는 지식과 재료들을 적재적소에 빠르게 채워 넣을 수 있는 단단한 기본기를 갖춘 사람이다. 그렇게 수많은 말하기 패턴에 익숙해지고, 시간이 갈수록 지식 수준과 이해도도 깊어진다면 말하기의 유창함과 무게감 역시 날로 발전하게 되는 것이다.

옴스 님, 궁금해요!

Q. 1분 자기소개와 지원동기 답변 시에 자신의 경험을 말하는 게 좋을까요? 저는 회사와 콘텐츠 MD에 대한 제 생각을 이야기했고 다른 지원자들은 전부 자기 경험을 이야기했는데, 저는 탈락했습니다.

'자기소개'니까 자기소개를 하면 됩니다. 답은 없습니다. 누구도 자기소개에서 '회사소개' 내지는 '회사·직무 지원동기'를 이야기하라고 한 적이 없습니다. 직무에 필요한 도전정신과 커뮤니케이션 역량을 억지로 드러낼 필요도 없습니다. 억지스러운 소개 없이도 수많은 지원자들이 합격했습니다. 그렇기 때문에 하지 말라는 게 아니라 '정답이 없다'는 의미입니다.

그리고 1분 자기소개를 그렇게 해서 떨어졌다는 생각은 지원자의 추측입니다. 실제로 면접은 어떤 답변 하나를 잘못했다고 떨어지지 않습니다. 면접과정에서의 모든 답변이 지원자를 평가하는 요소가 됩니다. 질문과 답변 하나하나에 의미를 두기보다는 전체적인 면접과정에서 있었던 나의 답변 하나하나에 뚜렷한 메시지가 부족하지 않았는지 돌아봤으면 좋겠습니다.

끊임없이 옆 지원자와 나의 답변을 비교하고, 끊임없이 존재하지 않는 정답을 찾아 헤매는 일은 부디 없길 바랍니다. 면접은 나를 보여주는 자리지 뽑아달라고 구애하는 자리가 아닙니다.

Q. 자소서에 작성한 아이디어와 관련된 간략한 설명 요청에는 어떻게 답변해야 할까요?

'자소서에 썼는데 왜 물어보지?'라고 생각하는 지원자가 많습니다. 이유는 간단합니다. 봤어도 물어보고, 안 봤어도 물어볼 수 있습니다. 자소서에 썼다고 해도 말로 표현하는 것은 다릅니다. 지원자의 입을 통해 간단하고 명료하게 내용을 알고 싶기에 질문하는 것입니다. 똑 부러지게 답변하는 것도 곧 실력입니다. 급박한 보고상황에서 장황하게 시장 설명을 늘어놓는 지원자와 현안과 대처 방안을 빠르게 제시하는 지원자의 실력 차이는 안 봐도 비디오입니다.

Q. 지원 직무와 다른 부서에 배치되면 어떻게 하겠냐는 질문에는 어떻게 답변하면 좋을까요?

면접관들이 보기에 지원 직무보다 적합한 직무가 있다고 판단되기 때문일 수 있고, 혹은 지원자의 진심이나 진정성을 확인해보기 위한 목적인 경우도 있습니다. 답변에 따라 합격 결과가 바뀌지는 않겠지만, 중요한 것은 직무이해도가 한참 떨어져 보이는데 맹목적으로 지원 직무만 하고 싶다고 하는 지원자는 최악의 점수를 받을 것이라는 점입니다. 반대로 지원 직무에 대한 깊은 이해를 먼저 보여준 뒤 "그래서 기회가 된다면 되도록 지원 직무에서 일하고 싶습니다. 다만 제 생각과 달리 면접관님께서 보시기에 더 적합한 직무가 있다고 판단된다면, 합리적 이유를 듣고 회사의 방침에 적극 따르도록 하겠습니다."라고 대답할 수 있습니다. 이런 식의 대답은 직무에 대한 깊은 생각과 회사생활에 임하는 좋은 마인드를 함께 어필할 수 있는 답변입니다. 어차피 최종적으로 어떻게 배치될지는 회사의 선택에 달려 있습니다. 입사 후에도 직무 이동의 기회는 있습니다. 가고 싶은 직무보다 우선 합격이 먼저 아닐까요?

Q. 지원한 회사 또는 회사의 직무에서 느낀 단점이나 한계를 이야기할 때 솔직하게 답변해도 되는지 궁금합니다.

'표정'도 면접의 일부입니다. 그런 면에서 당황하는 모습은 이상하게 비칠 수 있습니다. 모든 회사에 장단점은 있는데, 단점이 없다고 한다면 듣는 입장에서 신뢰할 수 있을까요? 단점은 쏙 빼놓고 좋은 점만 보고하는 직원이 있다고 생각해보면 쉽습니다. 아무렇지 않게 "다 좋은데 이런 점은 아쉽습니다."라는 느낌으로 접근하면 해결됩니다. 단점을 이야기하는 자체는 문제가 아니지만, 지원자들의 당황스러운 표정, 애써 꾸며 지어내는 말, 듣는 입장에서 기분 나쁠 수 있는 표현이 문제일 뿐입니다. 똑같은 말도 어떤 어조로 전달하느냐에 따라 그 느낌이 크게 달라지기 때문입니다.

예를 들어 "하루빨리 흑자전환을 이뤄내야 하는 것은 쿠팡의 가장 큰 숙제입니다. 다만 전국 최대 규모의 물류센터 투자와 가장 많은 상품군을 보유했다는 장점이 있는 만큼 투자가 안정화되고 쇼핑 플랫폼의 역할이 강화된다면 흑자전환은 시간문제라고 생각합니다."라며 '개선했으면 하는 아쉬운 부분'이라는 뉘앙스로 접근한다면 단점을 언급해도 나쁘게 볼 사람은 없습니다.

Q. 몇 번씩이나 같은 질문을 계속 하는 의도가 궁금해요. (예: "생각하신 직무가 아닐 수도 있는데 괜찮으세요?")

직무를 제대로 이해하지 못했기 때문입니다. 스스로는 이해했다는 생각이 들었어도 듣는 입장에서는 깊이가 부족하거나 진정성이 부족하게 느껴질 수 있겠죠. 3장 '산업·직무에 접근하는 올바른 자세'를 면밀하게 살펴보고 적용해보세요. 이런 질문을 받는 경우는 대부분 너무 이상적으로 생각했거나 깊이가 없이 피상적으로 직무에 대한 견해를 밝혔기 때문입니다. 면접관 입장에서 이러한 지원자는 직무에 관심이 있다는 것 자체가 의심스럽게 보이기 마련입니다. 그래서 재차 제대로 알고 지원했냐는 식으로 질문하는 것입니다.

Q. 답변은 4문장으로 구성하는 게 좋다던데, 정말 그런가요?

중요한 것은 '답변의 핵심'이 무엇인지, 그리고 '핵심을 전달하는 데 필요한 팩트나 설명'이 어디까지 필요한지 판단하는 것입니다. 실제 면접에서 질문을 받았을 때 3~4문장으로 끊어 말하겠다는 생각을 가지고 답변하는 것은 쉽지 않습니다. 더군다나 문장이 단문일지 복문일지도 모르는 상태에서 무작정 3~4문장이라는 식으로 답변의 길이를 정해버리게 되면, 오히려 억지로 할당량을 채우려고 하거나 설명이 필요한 상황에서 이야기가 맥락 없이 끊어질 수도 있습니다. 따라서 의식적으로 '1분 안에 끝낸다.' '3~4문장이 적합하다.'라는 잘못된 기준을 세우기보다 면접관의 질문에 대한 답변을 제대로 했는지, 답변을 보충하는 데 필요한 최소한의 사실은 어디까지인지 생각하면서 연습하는 게 도움이 됩니다.

Q. 모르는 질문이 나왔을 때는 어떻게 답변하는 게 좋을까요?

삼성전자로지텍 합격자는 '탄력근무제 실시기간 확대'에 대한 견해를 밝히라는 PT면접에서 '탄력근무제 실시기간 확대'의 의미를 잘못 이해하고 면접을 봤음에도 합격했습니다. 면접 준비 단계에서 만약 모르는 주제가 나오면 서두에 주제의 의미를 100% 이해하지 못했음을 인정하고, 본인이 이해한 의미를 먼저 제시한 후 발표를 이어가라고 조언했습니다.

모르는 걸 당당히 모른다고 할 수 있는 것도 실력입니다. 회사생활에서 모르는 것을 아는 척하는 것은 가장 죄악시되는 행위 중 하나입니다. 회사에서는 불확실한 정보를 기반으로 일하다 의사결정에 큰 차질을 빚거나, 문제가 발생했을 때 혼자 수습하려다가 문제를 키우는 등의 상황이 빈번하게 발생합니다. 조직은 함께 일하는 곳입니다. 자신의 무지나 실수를 숨기고 피하는 것만이 능사는 아니죠. 문제가 발생했을 때 변명하고 피하려는 태도는 항상 문제를 키웁니다. 완전히 모르는 게 아니라면 아는 수준에서 답변하고, 모르는 것은 깨끗하게 인정하는 게 답입니다.

Q. 면접 본 다른 회사나 합격한 회사가 있냐고 묻는 의도가 궁금합니다. 그냥 솔직하게 답하면 되는 것인가요?

100% 확실한 의도라는 건 없습니다. 하지만 지원 회사에 대한 진심이 보이지 않거나 너무 뛰어난 실력이나 스펙을 가진 지원자라면 이런 질문을 받는 경우가 있습니다. 특이한 점은 최상위권의 회사에서는 이런 질문을 하지 않는다는 점입니다. 채용해도 나갈 리가 없다는 자신감과 나가도 상관없다는 자신감 양쪽 모두겠지요.

과도한 솔직함은 삼가고, "면접 예정인 곳이 1~2군데 정도 더 있습니다. 하지만 가장 합격하고 싶은 곳은 이곳입니다."라는 답변이 가장 무난합니다. 없다고 해도 믿지 않을 것이기 때문입니다. 이처럼 답변하면 아마 면접관은 해당 회사를 선택한 이유를 물어볼 것이고, 그때 3장에서 나온 황용식처럼 주관적 해석을 담은 칭찬을 하면 되겠습니다. 물론 깊이가 없거나 접근이 틀렸다면 면접관의 표정은 좋지 않을 것입니다. 물론 정말 동시에 면접 진행 중인 곳이 없다면 없다고 하면 됩니다. 의도 없이 그냥 물어보는 경우도 많습니다.

Q. 면접 끝에 더 궁금하거나 질문하고 싶은 것이 있는지 물어볼 땐 어떻게 답변 하면 좋을까요?

제가 과거에 이직하며 면접을 봤던 회사의 채용 형태는 1년 계약직 후 정규직 전환이었습니다. 2차 최종 면접에서 "제가 잘했는데도 1년 뒤에 채용이 안 될 수가 있을까요? TO에 따라 정규직 전환이 안 될 수도 있는지 궁금합니다."라고 물어봤습니다. 평소 솔직함이 최고의 미덕이라고 생각하기에, 진짜 궁금한 것은 가감 없이 물어봅니다. 물론 선을 넘는 질문은 하지 않습니다.

지원자들이 면접을 위해 회사의 전략 방향이나 기술 수준, 최근 사업환경에 대한 견해와 같은 답변들을 준비하면 저는 극구 만류합니다. 깊이 있어 보이지 않고, 너무 진지해 보이기만 합니다. 그럴 거라면 차라리 "오늘 제 인상이 괜찮았는지, 아쉬운 점은 무엇이었는지 궁금합니다."라는 질문을 던지라고 합니다. 가장 무난하면서 좋은 인상을 남길 수 있는 답변은 아무래도 "없습니다. 더 궁금한 것들은 입사 후에 여쭤보겠습니다."입니다. 이 책이 유명해진다면 유행어가 될지도 모르겠네요.

Q. '마지막으로 하고 싶은 말'에 정답은 없다고 생각하지만, 그래도 어떤 식으로 답변하는 것이 좋을지 알고 싶습니다.

마지막 질문을 하라고 했을 때는 이미 지원자에 대한 평가는 거의 다 종료된 시점입니다. 잘 준비된 마지막 한마디로 면접의 결과가 뒤바뀔 가능성은 희박합니다. 심지어 준비된 마지막 말은 누가 들어도 준비한 말이라는 걸 금세 알 수 있습니다. 마지막 말로 한 방에 역전을 노리는 것보다 유쾌하고 밝은 모습으로 기억되는 게 좋습니다. 합격의 경계선에 있는 지원자들 중 결국 면접관의 기억에 남는 건, 진심이 담긴 한마디나 또 보고 싶은 마음이 들도록 좋은 인상을 남긴 지원자가 될 수밖에 없습니다. 그래서 저는 담백한 마지막 말을 지향합니다. "열심히 준비했지만 준비한 만큼 못한 것 같아 아쉽습니다. 다만 제 진심만큼은 면접관님께 제대로 닿았기 바랍니다." 또는 "후회 없습니다. 꼭 입사해서 다시 뵙고 인사드리고 싶습니다." "없습니다!"라고 간결하게 마무리하는 것도 좋습니다. 물론 유쾌하고 밝은 표정으로 미소 짓는 것만큼은 잊지 마세요.

Q. 저는 면접 들어가기 전에 엄청 떨리더라고요. 면접 들어가기 직전에 마인드 컨트롤을 어떻게 하시나요?

'면접관도 그냥 아저씨들일 뿐이다.' '나는 매우 괜찮은 사람이다.' '나의 가치를 알아주는 이들이 분명 있을 것이다.' '나는 결코 헛되이 살지 않았다.' '매 순간 최선을 다했고, 부끄럽지 않다.' '주눅 들지 말고 자신감 있게, 하지만 겸손하게 나의 좋은 생각들을 확실하게 보여주자.' 등등 자기 효용과 자존감, 자신감을 높여줄 수 있는 온갖 주술을 외웁니다. '오늘 난 최고다!'라고 최면을 걸어보세요.

Q. 면접 대기시간에는 무엇을 하며 시간을 보내시나요?

아무것도 하지 않습니다. 무언가를 오랜 시간 보다가 면접에 들어가면 오히려 그 내용이 잔상으로 남아 머릿속에 맴도는 경우가 많았습니다. 불안감 때문에 볼 수는 있지만 그럴수록 전날에 면접 준비를 다 끝내고, 당일에는 나·직무·회사를 중심으로 머릿속으로 생각을 점검하며 마무리합니다. 면접에서 준비한 100%를 모두 보여주지 않아도 충분합니다. 다 보여주겠다고 억지를 쓰다가 분위기에 말리지 말고, 주어진 선에서 최선을 다하자는 마인드로 면접장에 들어갑니다. 마음을 비우면 오히려 이야기가 술술 나오는 기적을 맛보게 됩니다. 물론 많은 지원자가 전날 밤 아무런 준비 없이 눕는다는 자체만으로도 불안감을 더욱 키웁니다. 안타깝게도 이러한 사람들의 대부분은 마음의 부담을 내려놓을 때 터져 나오는 자연스러운 면접을 영영 경험하지 못하게 됩니다.

Q. 잘 본 면접의 기준은 무엇일까요?

자기가 준비한 것들을 다 쏟아내고 왔거나 인자한 표정의 면접관들과 화기애애하게 본 면접에서 떨어졌던 적이 누구나 한 번쯤 있을 겁니다. 반대로 왜 뽑혔는지 모르게 합격한 사례들도 허다합니다. 그래서 지원자가 느끼는 '잘 봤다' '못 봤다'는 둘 다 큰 의미가 없습니다. 면접 후 잘 본 것 같다고 신날 필요도, 못 봤다고 의기소침할 필요도 없습니다. 굳이 잘 본 면접의 기준을 꼽자면 면접의 분위기가 아니라, '이 책에서 강조하는 요소들을 최대한 잘 녹여냈고, 후회 없이 봤다.' 라고 생각되는 면접이라 할 수 있습니다.

Q. 면접 분위기가 좋았는데 떨어졌습니다. 대체 이유가 무엇일까요?

분위기가 좋았는데 떨어졌다? 귀인오류입니다. 분위기가 좋다고 모두 합격하는 것은 아닙니다. 그저 해당 회사의 면접이 지원자의 이야기를 끝까지 들어주는 스타일일 수도 있고, 면접관이 상대적으로 덜 까칠하고 인자한 스타일이기에 지원자가 하는 말을 최대한 끝까지 들어줬을 수도 있습니다. 오히려 분위기가 너무 좋아서 입이 술술 터지는 면접일수록 긴장이 필요합니다. 지원자 입장에서 편하게 이야기하다 보면 듣는 입장에서는 불필요한 정보까지 과도하게 풀어낸다고 느껴질 가능성이 크기 때문입니다. 그들은 어차피 다른 지원자들의 이야기도 끝까지 들어줄 것이고, 그 안에서 똑 부러지고 간결하게 자신의 생각을 풀어낸 지원자에게 긍정적인 평가를 내릴 수밖에 없습니다. 분위기에 속지 마세요. 분위기가 좋을수록 말 한마디, 한마디를 힘 있고 간결하게 해야 한다는 생각을 머리에 되뇔 필요가 있습니다.

코로나 시대 면접은 어떻게 대비하나요?

코로나19가 면접장의 풍속도도 바꿔놓았다. 대면면접에 대한 우려가 높아지면서 기업들은 차선책과 대안을 활용하고 있다. 마스크를 착용하고 면접을 진행하거나 화상 시스템을 활용해 온라인으로 면접을 진행하기도 한다. 면접을 준비하는 지원자들 입장에서는 갑작스러운 변화가 당황스럽게 느껴질 수밖에 없다. 하지만 안심해도 좋다. 그러한 지원자들을 위해 코로나19로 인해 면접에서 변화되는 것들은 무엇이 있을지 정리해봤다.

1. 코로나가 바꾼 면접 풍속도

코로나19로 인해 대면면접이 어려워졌다. 아무리 비대면이 트렌드라고 해도 일면식조차 없는 지원자를 덜컥 최종 합격시킬 회사는 없다.

실제로 전쟁통 같은 코로나 팬데믹 속에서도 면접은 치러졌다. 상대적으로 대응이 빠른 대기업은 발 빠르게 AI를 도입했고, 사전에 시스템이 잘 갖춰진 IT기업들은 온라인 화상회의나 화상통화로 1차 면접을 대체하기도 했다. 상대적으로 여력이 부족한 기업들은 마스크를 쓴 채로 면접을 진행하는 곳들도 더러 있었지만 채용이 필요한 기업들은 어떻게든 면접을 진행했다. 면접을 치르는 방식은 변화할 수 있어도 직접 얼굴을 마주하며 진행되는 면접과정 자체는 변하지 않는다는 것이 핵심이다.

2. 상대적으로 중요해진 서류전형과 AI면접

수십, 수백 명의 지원자가 모이던 기존의 면접 방식은 오프라인 활동을 지양하는 코로나19 시대에 부적합하고 비효율적이다. 기업 입장에서는 최대한의 인원보다는 최소한의 인원을 추려 대면면접을 치를 가능성이 크다. 실제로 상반기 공채에 나선 기업들 상당수는 서류전형 이후 AI면접을 도입해 상대적으로 적은 수의 지원자들만 실제 면접전형에 참가시키는 모습을 보였다. 기업들 입장에서는 대규모 인원을 대상으로 오프라인 필기전형을 진행하는 것 또한 코로나 확산 우려와 비용적 측면 등 모든 면에서 부담이 큰 상황이다. 따라서 앞으로 취업 시장에서는 서류전형과 AI면접의 중요성이 더욱 부각될 수밖에 없다.

3. 다대다 면접보다는 다대일 면접에 대비하라

면접 진행도 다대다 면접보다는 다대일의 형태를 띠게 될 가능성이 크다. 집단면접은 코로나 전염에 대한 우려가 큰 만큼 여러 면접관들을 상대로 혼자 치르는 심층면접이 주를 이루게 될 것이다. 이미 삼성, SK그룹은 여러 면접전형에서 다대일 면접의 형태를 띠고 있다. 간헐적 수시채용으로 인원을 채용하는 네이버의 경우에도 TO가 생기고, 적합한 지원자가 나타나는 시점마다 개별적으로 면접을 진행하고 있다. 대기업을 중심으로 수시채용 트렌드가 확산되면서 이런 추세는 더욱 확고하게 자리 잡게 될 가능성이 크다.

다대일 면접은 20분이 넘는 시간 동안 홀로 여러 면접관들의 질문에 순발력 있게 답변을 해낼 수 있도록 철두철미한 준비가 필요하다. 다대다에서는 하기 힘든 꼬리질문이 다대일 면접에서는 가능하기 때문이다. 면접관들은 지원자들이 얄팍한 이해를 기반으로 두루뭉술하고 피상적인 답변을 하는 순간 본능적으로 집요하게 파고들기 시작한다. 이에 대비하려면 불확실한 정보를 잘 아는 듯이 답변하거나 키워드를 중심으로 뭉뚱그린 답변을 제시하는 습관은 바로잡는 게 중요하다. 인생기술서를 기반으로 한 심층적인 자기이해와 산업, 기업, 직무에 대한 폭넓고 깊이 있는 이해를 갖추는 것이 핵심이다.

4. 마스크 면접은 오래가지 않을 가능성이 크다

2020년 상반기 채용 시장은 모두에게 패닉이었다. 미처 대응할 시간이 부족했던 기업들은 어쩔 수 없이 마스크를 쓰고 면접을 진행했다. 하지만 코로나19는 기업들의 업무 방식을 180도 뒤바꿨다. 많은 대기업들이 재택근무 체제를 빠르게 도입했고, 네이버나 카카오 같은 IT기업을 필두로 보안에 민감한 삼성까지 재택근무를 도입했다. 도입 초기에는 모두가 우왕좌왕이었지만 시장은 빠르게 변화에 적응해 고성능의 원격근무 시스템과 실시간 화상회의까지 가능한 그룹웨어, 오피스툴을 쏟아냈다.

SK그룹은 재택근무를 하며 화상회의 시스템에 접속해 회의를 진행하고 있으며 인턴에 참여했던 사람들도 화상으로 과제를 발표했다. 네이버, 카카오 또한 자회사를 통해 보급형 그룹웨어 사업에 뛰어들고 있으며, 보안 문제만 확실하게 해결된다면 앞으로 화상면접, 온라인면접은 소수 기업의 특권이 아닌 어떤 기업이든 쉽게 활용할 수 있는 수단이 될 것이다. 비대면 온라인면접의 확산 추세와 함께 대면면접은 최종 면접대상자로 선정된 소수의 인원들을 대상으로 진행될 가능성이 더욱 커질 것이다. 또한 대면면접을 치르게 될 경우 투명 칸막이로 면접관과 지원자가 분리되어 있는 별도 공간에서 얼굴을 마주하고 치러지게 될 가능성도 크다.

5. 자연스러운 면접이 화두로 떠오르게 될 것이다

화상으로 치러지는 면접은 상대적으로 편한 공간, 편한 복장으로 치러지게 된다. 격식보다는 기본적 매너를 기반으로 한 자연스러운 대화 속에서 면접이 이뤄지는 경우가 많다. 해외에서는 이미 너무나 평범하고 자연스러운 면접 형태다. 국내에서도 네이버 같은 글로벌 IT 기업들은 이미 수년 전부터 화상면접을 활용해 해외 대학생들을 대상으로 면접을 치러오고 있었다.

면접관들은 지원자의 경험과 인성, 생각을 다양한 질문과 답변을 통해 다면적으로 평가하고자 한다. 따라서 자연스러운 분위기에서 진행되는 면접일수록 지원자들이 회사와의 연결고리만 강조하거나 주요 성과를 나열하는 식으로 답변하게 되면 면접의 분위기와 맞지 않거나 답변 자체가 억지스럽게 들릴 수 있다. 책에서 강조했던 대로, 억지스러운 어필 대신 힘을 빼고 자연스럽게 나의 경험과 생각을 전달하는 핵심 위주의 간결한 말하기는 중요성이 더욱 부각될 것이다.

6. 짧은 말 속에도 핵심과 메시지를 담을 수 있어야 한다

그럼에도 불구하고 마스크를 쓴 채로 면접을 보게 될 가능성을 배제할 수는 없다. 마스크를 착용하게 되면 지원자의 인상과 표정이 잘 보이지 않고, 마스크 때문에 목소리가 작게 들리거나 발음이 부정확하게 들리는 문제가 발생한다. 얼굴이 잘 보이지 않기 때문에 비언어적 요소의 힘은 떨어지고, 지원자의 말 한마디가 갖는 힘이 더욱 커진다. 책 전반에서 강조한 주체성 있는 메시지 제시와 구체성 있는 근거를 기반으로 한 간결하고 명료한 답변의 중요성은 더욱 커진다.

또한 힘 있는 목소리와 정확한 발음에 더욱 신경 써야 한다. 일상에서도 마스크를 쓰고 대화할 때 작은 목소리나 부정확한 발음으로 인한 소통의 장애를 빈번하게 겪고 있다. 면접장은 면접관과 지원자의 거리가 떨어져 있는 만큼 이 같은 소통의 문제가 더 크게 느껴질 것이다. 면접관의 질문을 제대로 듣지 못하고 재차 질문을 하거나, 지원자의 답변을 제대로 알아듣지 못한 면접관이 역으로 답변을 다시 물어오는 상황이 반복된다면 면접관들은 답답함을 느낄 수밖에 없다. 힘 있는 목소리와 메시지 전달이 더욱 중요해질 것이라는 점이 포인트다.

코로나19 이후로 면접 트렌드는 바뀌었지만, 직접 얼굴을 마주하고 지원자의 인성과 실력을 파악하고자 하는 면접의 본질은 변하지 않는다. 지원자들이 지금껏 준비해온 과정과 노력, 그 무엇도 무위로 돌아가지 않는다. 그저 변화하는 트렌드에 맞게 상황과 방식만 조금씩 바뀔 뿐이다. 시대가 급변할수록 지원자들은 3요소 이해를 기반으로 한 주체적인 생각과 분명한 근거 제시를 통해 '셀프 세일즈'에 더욱 힘써야 할 것이다.

자신만의 방식으로
취업 레전드가 되자

안상종   구체적으로 무슨 공모전이에요?

이태리   음식물쓰레기 줄이기 UCC 공모전에서 대상을 받았어요. 이생에서 먹다 남은 음식물 쓰레기는 지옥에서 다 먹어야 된다. 제가 그 컨셉으로 영상을 찍었는데 음식물 쓰레기 먹는 씬을 찍다가 진짜 지옥으로 가는 줄 알았어요.

구자숙   그런 공모전도 있어요?

이태리   공모전의 타이틀이 무엇이냐인 것보다 저에게 이런 반짝반짝하는 아이디어가 있다는 것에 주목해주셨으면 합니다. 그렇기 때문에 요즘 트렌드인 펀(fun) 마케팅에 누구보다 자신 있는데요. 2030 연인들을 위한 일명 19금 핫닭콜라보 에디션입니다. 우리 핫닭면의 캐릭터인 핫닭이를 속옷과 접목해서 만들어봤습니다. 남성용 핫닭 빤쓰. 여긴 커플로 입을 수 있는 커플 속옷. 다음으로는 야심작입니다!

남궁준수   하하하하. 나 저거 마음에 든다! 갖고 싶어!

드라마 〈꼰대인턴〉 21회 중

드라마 〈꼰대인턴〉은 핫닭면으로 유명한 준수그룹에서 최고로 잘나가는 영업마케팅 가열찬 팀장과 61세의 꼰대 이만식, 오합지졸 이태리, 주윤수 인턴이 팀에 합류하면서 발생하는 사건, 사고를 다룬 코믹 오피스물이다. 드라마 초반 이태리 지원자는 면접에서 "태리, 태리 이태리! 임미다!"라는 요란한 자기소개로 면접관들의 혼을 쏙 빼놓았다. 겉모습만 보면 어떻게 입사했는지 의문이 드는 이태리 인턴과 주윤수 인턴은 결국 부정채용 사건에 휘말려 검찰조사까지 받게 된다. 그런데 조사과정에서 채용 당시 가열찬 부장을 제외한 모든 면접관들이 실제로 최고점을 부여해 정정당당하게 입사했다는 진실이 밝혀진다.

정제되지 않은 말투지만 이태리 인턴에게서 적어도 가식은 보이지 않았다. 자신이 공모전에서 상을 탔다는 것 자체보다 '반짝이는 아이디어가 있는 사람'이라는 점에 주목해달라고 당당하게 자신을 드러낸다. 지원하고자 하는 영업마케팅과 관련된 경험을 쌓아왔으니 뽑아달라고 하기보다, 준수식품의 핫닭면 캐릭터를 활용해 펀 마케팅을 해보고 싶다고 신난 표정으로 자신이 준비해온 드로잉을 보여준다. 남성용 속옷부터 커플 속옷, 파스, 신발까지 자신이 준비한 내용을 설명하는 이태리 지원자의 표정에서 보이는 즐거움과 열정이 브라운관 너머 시청자에게까지 고스란히 전해진다.

갈수록 취업 경쟁이 심해지면서 지원자들의 취업 준비기간이 길어지고 능력과 스펙도 상향평준화되고 있다. 인사담당자, 현직자, 컨설턴트를 백방으로 찾아다니며 면접 필승전략 마련에 몰두한다. 그러나 안타깝게도 이태리, 주윤수 인턴에게서 느껴지는 진심과 열정이 요즘 지원자들에게는 보이지 않는다. 갈수록 얼어붙는 채용 시장 때문에 절박해지는 심정은 이해하겠지만, 그런 절박함이 오히려 지원자를 취업의 문에서 더 멀어지게 만들고 있다는 사실이야말로 아이러니다.

경영환경과 취업 트렌드가 아무리 빠르게 변화한다고 해도 변하지 않는 진리가 있다. 회사는 함께 일할 수 있는 직원을 찾고 있고, 성장의 잠재력이 있는 재목을 원한다는 사실이다. 회사는 완벽한 지원자가 아니라 사람냄새 나면서 열의와 열정, 좋은 인성과 태도가 느껴지는 지원자를 찾고 있다. 이러한 점이 바로 누구도 예상하지 못했던 탈락, 생각지도 못했던 합격이 취업 시장에서 빈번하게 일어나는 이유다.

진심을 다하는 면접 준비는 생각만큼 어렵지 않다. 존재하지도 않는 법칙과 전략을 억지스럽게 짜맞추고, 맞지 않는 옷에 억지로 자신을 욱여넣으려 애쓰지 않아도 된다. 자신만의 방식으로 살아온 삶 속에서 쌓인 철학, 가치관, 생각을 주체적으로 드러낼 수 있다면 그걸로 그만이다.

억지스럽게 회사와의 연결고리를 잇고자 애쓰기보다 주체적으로 사업과 회사에 대한 주관적 견해를 드러냄으로써 자신만의 관점과 깊이 있는 생각을 보여줄 수 있다. 직무를 학습하고 이해하는 과정에서 생긴 관점을 드러내, 직무이해를 기반으로 직무역량을 논리적으로 제시함으로써 좋은 관점과 태도를 여실히 보여줄 수 있다.

면접은 사람을 직접 보고 결정하는 자리다. 가장 중요한 것은 사람냄새가 나느냐다. 자신이 적임자라고 자신 있다고 경험을 치켜세우는 지원자보다, 화려하지 않고 투박해도 좋은 인성과 삶의 궤적이 느껴지는 사람에게 왠지 모를 관심이 가는 건 당연한 이치다. 온갖 법칙과 전략을 찾고 고민하는 지원자들 사이에서 자신만의 중심을 잡고 올곧은 길을 간다는 것은 쉬운 일이 아니다. 그만큼 어려운 길이기 때문에, 그 길을 걷는 사람들에게는 생각지도 못한 순간에 '최종 합격'이라는 뜻밖의 보상이 주어지는 게 아닐까?

중심을 바로잡자. 취업 시장의 주인공은 나다. 남을 부러워할 필요도, 따라할 필요도 없다. 자신만의 방식으로 취업에 성공하면 그게 곧 합격 사례이자 레전드가 된다. 독자 한 명, 한 명이 취업 시장의 주인공이자 레전드로 우뚝 서서 장차 또 다른 누군가의 멋진 멘토가 될 수 있길 응원한다.

취업 끝판왕 옵스에게 배우는
스펙을 뛰어넘는 면접의 기술

초판 1쇄 발행 2020년 10월 20일
초판 4쇄 발행 2024년 5월 16일

지은이 | 옵스
펴낸곳 | 원앤원북스
펴낸이 | 오운영
경영총괄 | 박종명
편집 | 최윤정 김형욱 이광민 김슬기
디자인 | 윤지예 이영재
마케팅 | 문준영 이지은 박미애
디지털콘텐츠 | 안태정
등록번호 | 제2018-000146호(2018년 1월 23일)
주소 | 04091 서울시 마포구 토정로 222 한국출판콘텐츠센터 319호(신수동)
전화 | (02)719-7735   팩스 | (02)719-7736
이메일 | onobooks2018@naver.com   블로그 | blog.naver.com/onobooks2018
값 | 15,000원
ISBN | 979-11-7043-130-5 03320

이 도서의 국립중앙도서관 출판예정도서목록(CIP)은 서지정보유통지원시스템 홈페이지(http://
seoji.nl.go.kr)와 국가자료종합목록 구축시스템(http://kolis-net.nl.go.kr)에서 이용하실 수 있습
니다. (CIP제어번호 : CIP2020041568)